BIOME der Welt

Juliana Aschwanden-Vilaça

TESSLOFF

Asiatischer Elefant

Die Asiatischen Elefanten, die kleiner sind als die Afrikanischen Elefanten, sind die größten Landsäugetiere in Asien. Wie andere Elefanten sind auch die Asiatischen Elefanten hochintelligent, können Werkzeuge verwenden und Probleme lösen. Sie weisen auch emotionale Intelligenz auf und zeigen Einfühlungsvermögen. Diese sehr sozialen Tiere leben in einer Gruppe, die von einer Elefantenkuh angeführt wird.

Vorwort

Wie würde unsere Welt aussehen, wenn wir die Erde nach den Vorgaben von Mutter Natur abbilden würden? Was wäre, wenn Verbreitungsgebiete von Pflanzen und Tieren die Grenzen bestimmen würden statt willkürlich von Menschen gezogene Linien?

Dieses schöne Buch lässt eine Welt vor unseren Augen entstehen, in der die dort ansässige Flora und Fauna die Begrenzung von Orten definiert. Biome sind der einfachste Weg, die Welt einzuteilen. Auf der Landfläche der Erde gibt es 14 davon, einige umschließen Kontinente wie die arktische Tundra und die Taiga auf der nördlichen Halbkugel. Entlang des Äquators finden wir grüne tropische Regenwälder. Andere Biome wie der tropische Trockenwald, das gebirgige Grasland oder die Mangroven liegen in spezifischen Gebieten. Innerhalb jedes Bioms, auf der darunterliegenden Stufe, finden wir Ökoregionen oder Ökosysteme auf regionaler Ebene. Davon gibt es über 800, und dieses Buch erkundet die Natur dort und wie Pflanzen und Tiere zusammenwirken.
Wir leben in einem bestimmten Land, aber auch in einer Ökoregion und einem Biom. In welcher Ökoregion lebst du? Wie ist das Biom in deiner Heimat? Kannst du zehn Arten in deiner Region nennen? Kannst du zehn Arten in jedem Biom nennen? Wenn ja, dann bist du ein wahrer ökologischer Erdenbürger!
Es gibt keine bessere Möglichkeit, etwas über die Welt zu lernen, als zu reisen. Das trifft auch auf Naturliebhaber zu. Und wenn du diese beiden Aspekte miteinander verbindest, also etwas über die Natur an deinen Reisezielen zu lernen, dann erwartet dich eine lebenslange Abfolge von Abenteuern und Wundern. Dieses gut lesbare und faszinierende Buch, das wunderschön bebildert ist, ist ein guter Anfang.

Dr. Eric Dinerstein ist der Leiter des *Biodiversity and Wildlife Solutions Program* bei der Organisation RESOLVE. Sein Fokus liegt auf der Anwendung neuer Technologien, um gefährdete Arten besser zu schützen und zu beobachten. Einen Großteil der letzten 25 Jahre war er wissenschaftlicher Leiter beim WWF, dem World Wildlife Fund.

Einleitung

Woher kommt der Braunbär und warum unterscheidet sich sein Lebensraum so stark vom Lebensraum des Koalabären? Und ist der Koalabär wirklich ein Bär? Diversität – Vielfalt – ist faszinierend. Der Gedanke hinter diesem Buch ist es, die Schönheit der Diversität in der Natur aufzuzeigen und so Leserinnen und Leser für den Naturschutz zu sensibilisieren.

Auf der Erde gibt es mehrere Biome, und jedes hat seine eigene Umwelt und seine besondere Biodiversität. Du fragst dich vielleicht, wie die Vegetation in der Wüste aussieht oder ob es außerhalb Afrikas Savannen gibt. Wie sehen Tiere desselben Bioms aus, die in verschiedenen Ländern leben?

Die Einzigartigkeit aller Biome ist ein großer Reichtum, den die Erde uns gab! Während ich dieses Buch schrieb, habe ich oft darüber nachgedacht, wie viele Tiere oder Pflanzen in diesem Buch wohl schon ausgestorben sind, wenn die Leserinnen und Leser es zum ersten Mal aufschlagen. Wird dein Kind die Gelegenheit haben, einen Kleinen Panda in natura zu sehen oder vielleicht nur auf alten Fotos? Es ist ein unheimlicher und sehr trauriger Gedanke, aber leider durchaus möglich.
Ich hoffe, dieses Buch erreicht so viele Menschen wie nur möglich und regt sie dazu an, auf unseren Planeten aufzupassen und, wer weiß, das Aussterben einer Art zu verhindern!

Juliana Aschwanden-Vilaça

Prachtamazone

Die Prachtamazone ist eine Papageienart, die in den Araukarienregenwäldern in Argentinien, Paraguay und im Süden Brasiliens vorkommt. Sie ernährt sich unter anderem von den Samen der Brasilianischen Araukarie, die es nur dort gibt. Durch die Zerstörung und wirtschaftliche Nutzung der Araukarienwälder ist die Prachtamazone gefährdet.

Brasilianische Araukarie

Die Brasilianische Araukarie hat eine unverwechselbare kronleuchterähnliche Baumkrone. Diese Nadelholzart ist stark gefährdet. Sie ist vor allem in den hochgelegenen Gebieten Südost- und Südbrasiliens heimisch, die Araukarienregenwälder genannt werden. Die Araukarie ist eine sehr alte Gattung, die es bereits seit der Triaszeit gibt. Damals lebten Dinosaurier auf der Erde. Ihre Samen sind essbar.

BIOME
AUF DER ERDE

NORDAMERIKA
MITTELAMERIKA
SÜDAMERIKA

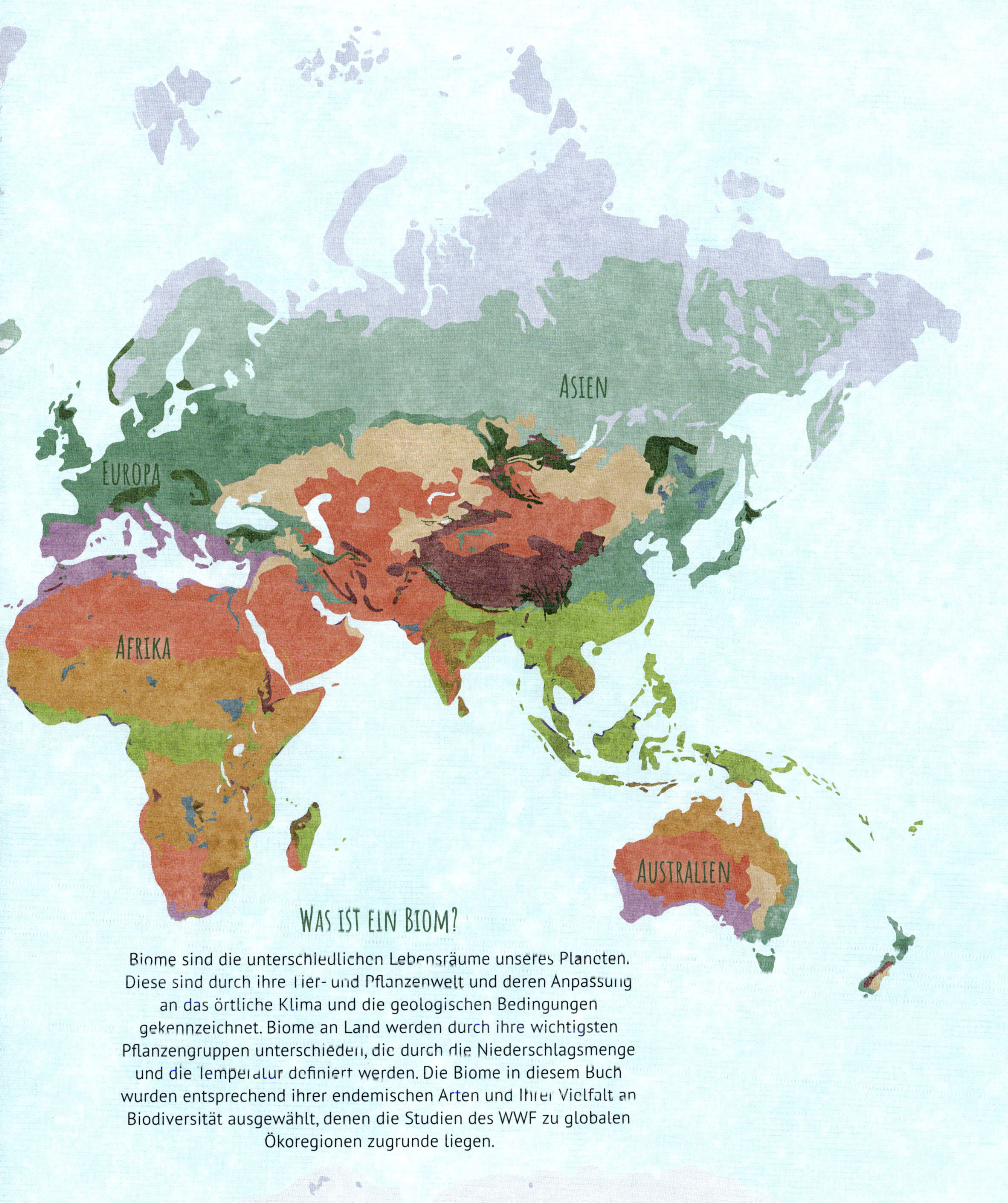

Was ist ein Biom?

Biome sind die unterschiedlichen Lebensräume unseres Planeten. Diese sind durch ihre Tier- und Pflanzenwelt und deren Anpassung an das örtliche Klima und die geologischen Bedingungen gekennzeichnet. Biome an Land werden durch ihre wichtigsten Pflanzengruppen unterschieden, die durch die Niederschlagsmenge und die Temperatur definiert werden. Die Biome in diesem Buch wurden entsprechend ihrer endemischen Arten und ihrer Vielfalt an Biodiversität ausgewählt, denen die Studien des WWF zu globalen Ökoregionen zugrunde liegen.

ANTARKTIS

Die tropischen und subtropischen Regenwälder sind Wälder, die hauptsächlich aus immergrünen Bäumen bestehen und in einem feuchten Lebensraum vorkommen. Dort sind die Temperaturen fast immer gleichbleibend warm und es regnet sehr oft.

Diese Wälder befinden sich entlang des Äquatorgürtels, zwischen dem nördlichen Wendekreis und dem südlichen Wendekreis.
Aufgrund der günstigen Klimabedingungen gibt es überall Wachstum. Weil diese Wälder sehr dicht sind, fällt wenig Sonnenlicht auf den Boden. Das führt dazu, dass sich die Pflanzen in einem ständigen Konkurrenzkampf um Licht befinden.

Die vielfältigste und größte Biodiversität auf der Erde gibt es in diesen Wäldern.

Bienenelfe

Die Bienenelfe ist der kleinste Vogel der Welt! Die Männchen sind fünfeinhalb Zentimeter lang und wiegen weniger als zwei Gramm. Die Weibchen sind sechs Zentimeter lang und wiegen zweieinhalb Gramm.
Die Bienenelfe hat eine leuchtende Färbung, die zwischen Blau und Grün variiert. Dieser winzige Vogel besucht täglich wahrscheinlich bis zu 1500 Blüten! Er kommt nur auf Kuba vor.

Geschnäbelte Helikonie

Die Geschnäbelte Helikonie ist eine tropische Pflanze mit bunten Blütenständen. Sie sind wie schnabelförmige Tragblätter geformt, die viele kleine Blüten stützen. Die Helikonie ist mit den Bananen verwandt. Ihre Blätter sehen aus wie die Blätter der Bananenstaude. Kolibris lieben ihren süßen Nektar. Helikonien sind in Mittel- und Südamerika sowie auf den Inseln im Pazifik beheimatet.

Scharlachara

Der Scharlachara ist ein großer Vogel, der im mittel- und südamerikanischen Regenwald heimisch ist, vor allem im Amazonasgebiet. Sein Körper ist mit roten und einigen gelben und blauen Federn bedeckt. Der Scharlachara ist wie andere Aras monogam. Das bedeutet, dass er sein ganzes Leben mit seinem Partner zusammenbleibt.

1 Tropische und subtropische Regenwälder

Philippinen-Koboldmaki

Dieses kleine Säugetier ist an das nachtaktive Leben in den Regenwäldern der Philippinen angepasst. Aufgrund seiner großen empfindlichen Ohren hat es ein bemerkenswertes Gehör und durch seine riesigen Augen ein sehr gutes Sehvermögen. Philippinen-Koboldmakis können auch gut springen und klettern: An ihren langen Armen und Beinen haben sie Finger und Zehen, die gut am Baum haften.

Rotaugenlaubfrosch

Diese auffallende Amphibie ist im Regenwald von Mittel- und Südamerika beheimatet und hat einen einzigartigen Verteidigungsmechanismus: In seiner Tarnhaltung ist nur die braungrüne Tarnfarbe des Rotaugenlaubfrosches zu sehen. Wenn er bedroht wird, bewegt er sich. Mit den grellen Farben seiner Seiten und Augen schreckt er Feinde ab.

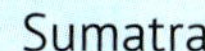

Paradiesvogelblume

Die Paradiesvogelblume ist wie die Helikonie mit den Bananengewächsen verwandt. Ihr auffälliges Aussehen erinnert an einen exotischen Vogel, der von einem Tragblatt aufsteigt. Die Paradiesvogelblume ist in Südafrika beheimatet und in tropischen Gärten als Zierpflanze sehr beliebt.

Mimose

Diese interessante Blütenpflanze ist auch als Schamhafte Sinnpflanze bekannt: Sie schließt ihre Blätter und lässt sie herabhängen, sobald sie berührt werden oder sich Licht oder Temperatur ändern. Das könnte ihr unter anderem helfen, sich vor Pflanzenfressern zu schützen. Sie ist vor allem in Mittel- und Südamerika beheimatet.

ASIEN
SUMATRA

Vorherige Seite:

Sumatra-Orang-Utan

Orang-Utan bedeutet Waldmensch. Das größte auf Bäumen lebende Tier ist sehr intelligent und verwendet zum Beispiel für das Schälen von Früchten Werkzeuge. Früchte sind seine Lieblingsnahrung, besonders mag es Feigen. Mit seinen langen Armen, die eineinhalbmal so lang sind wie seine Beine, kann sich der Sumatra-Orang-Utan durch die Bäume schwingen. Er hat keinen Schwanz.

Malaysischer Tapir

Dieses Tier ist schwarz-weiß und die einzige Tapirart, die in Asien beheimatet ist. Der Tapir ist ein Einzelgänger. Um nach Blättern zu greifen oder Fallobst vom Boden aufzuheben, verwendet er seine Nase wie eine Hand. Der Malaysische Tapir ist ein guter Schwimmer und seine Fähigkeit zu tauchen hilft ihm dabei, sich vor Raubtieren zu verstecken.

Feige

Rhinozerosvogel

Dieser überwiegend schwarze Vogel hat seinen Namen aufgrund des auffälligen Horns auf seinem Schnabel erhalten. Wie Spechte brütet er in Baumhöhlen. Dort kann das Weibchen drei Monate lang eingesperrt sein. Es verlässt die Höhle nicht, während das Männchen für die Jungtiere und die Mutter in der Höhle sorgt. Auf Feigenbäumen findet der Rhinozerosvogel seine Lieblingsnahrung.

Titanenwurz

Der Regenwald in Sumatra beheimatet die höchste Blume der Welt. Die Titanenwurz wird bis zu drei Meter hoch. Sie riecht nach fauligem Fleisch. Das zieht eine bestimmte Käferart an, die die Pflanze bestäubt. Die Titanenwurz blüht nicht oft. Es kann viele Jahre dauern, bis eine Pflanze wieder Blüten trägt.

Sumatra-Nashorn

Das Sumatra-Nashorn hat – anders als andere Nashornarten – einen behaarten Körper. Es ist das kleinste aller lebenden Nashörner und in Asien das einzige mit zwei Hörnern. Es verwendet seine Hörner, um Pflanzen zu erreichen, aber nicht, um zu kämpfen.

Die Inseln Sumatras

Siamang

Der vollkommen schwarze Siamang ist der größte Vertreter der Gibbons, einer Affenart. Sein Gesang ist ein typisches Geräusch in den Regenwäldern Sumatras. Man kann ihn schon von Weitem hören.

Orchidee

Orchideen wachsen sehr oft in feuchten Wäldern. Sie gehören zu einer der ältesten Familien der Blütenpflanzen. Man findet sie auf fast allen Kontinenten. Die Orchidee, die du hier siehst, heißt *Phalaenopsis sumatrana*.

Riesenrafflesie

Die Riesenrafflesie bildet die größte Blüte der Welt und hat weder Wurzeln noch Blätter. Sie überlebt dadurch, dass sie auf anderen Pflanzen wächst: Sie ist ein Parasit. In voller Blüte beträgt der Durchmesser der Riesenrafflesie etwa einen Meter und sie kann bis zu elf Kilogramm wiegen! Diese Blume hat eine rötliche dickfleischige Struktur und einen abstoßenden Geruch, der verdorbenem Fleisch ähnelt. Fliegen werden von diesem Geruch angezogen und bestäuben die Blume.

Sumatra-Tiger

Er gehört zu den sogenannten Inselunterarten. Seine Art ist die letzte noch lebende dieser Unterarten und außerdem die kleinste Tigerunterart. Der Sumatra-Tiger schwimmt sehr gerne und hat sogar Schwimmhäute zwischen den Zehen, die jedoch nicht so stark ausgeprägt sind wie die Schwimmfüße einer Ente.

Blaustirn-Blattvogel

Dieser schöne blau-grün gefärbte Vogel lebt in den Baumkronen der Sumatra-Wälder in Indonesien. Er wird bis zu 14 Zentimeter lang.

2 Tropische und subtropische Trockenwälder

Die tropischen und subtropischen Trockenwälder wachsen in einer warmen Umgebung, in der es zwar regnet, in der es aber auch lange Dürreperioden gibt.

Viele Bäume und andere Pflanzenarten in diesen Wäldern sind daran angepasst, während der Trockenzeit Wasser zu speichern. Tropische und subtropische Trockenwälder kommen in bestimmten Gebieten auf der Welt vor. Einige davon sind isoliert. Die auffälligsten gibt es in Bolivien und im Süden Mexikos.

Himmelblaue Prunkwinde

Dieses Rankengewächs, das sehr häufig als Zierpflanze gepflanzt wird, hat hellblaue trompetenförmige Blüten und herzförmige Blätter, die spiralförmig ausgerichtet sind. Die Blüten öffnen sich, sobald die Sonne aufgeht. Das hat der Pflanze ihren englischen Namen *Mexican Morning Glory* gegeben. Auf Deutsch bedeutet das Mexikanische Morgenfreude. Die Himmelblaue Prunkwinde ist in Mexiko heimisch. Mittlerweile wächst sie aber auch in vielen anderen Regionen der Welt.

Eingerollter Sagopalmfarn

Der Eingerollte Sagopalmfarn ist in Südindien endemisch. Das bedeutet, dass er nur dort vorkommt. Er gilt als gefährdet. Seine Samen sind giftig, können aber nach einer speziellen Behandlung gegessen werden. Die Familie der Sagopalmfarngewächse ist sehr alt. Es gab sie schon vor den Dinosauriern auf der Erde.

Blaukehl-Breitschnabelkolibri

Der Blaukehl-Breitschnabelkolibri ist ein kleiner Kolibri, der in den tropischen Trockenwäldern in Mexiko und in den USA heimisch ist. Die Männchen weisen eine kräftige grün-blaue Färbung auf. Kolibris haben lange Zungen, um Nektar in Blüten zu erreichen.

Brasilianisches Dreibindengürteltier

Dieses Säugetier ist in den Regionen Cerrado und Caatinga in Ostbrasilien endemisch. In Brasilien wird es auch *tatu-bola* genannt. Das bedeutet Kugelgürteltier: Es ist in der Lage, sich zu einem gepanzerten Ball zusammenzurollen. Dieser Abwehrmechanismus wird gegen Fressfeinde eingesetzt. Das Brasilianische Dreibindengürteltier ist überwiegend nachtaktiv. Um Schutz zu suchen, gräbt es sich nicht wie andere Gürteltiere ein, sondern nutzt verlassene Erdlöcher oder findet Schutz unter Büschen.

Doppelhornvogel

Der Doppelhornvogel ist der offizielle Vogel des indischen Bundesstaats Kerala und kommt in den tropischen Trockenwäldern in Südostasien vor. Der Doppelhornvogel ist ein großer bunter Vogel, der ungefähr einen Meter lang ist und eine Flügelspannweite von fast zwei Metern hat. Den auffälligen Hornaufsatz auf seinem gekrümmten Schnabel kann er nutzen, um Weibchen anzulocken und um gegen andere Männchen zu kämpfen.

Madagaskar

Marianen-Flughund

Diese auch unter dem Namen Mariana Fruchtfledermaus bekannte mittelgroße Fledermaus ist auf den Marianeninseln beheimatet. Die Marianeninseln sind eine Inselgruppe im Pazifischen Ozean. Das besondere Merkmal der Flughunde ist ihr hundeähnlicher Kopf. Daher haben sie auch ihren Namen. Marianen-Flughunde werden gejagt. Mittlerweile ist die Art gefährdet.

Spix-Ara

Der Spix-Ara kommt nur in einer trockenen Region in Nordost Brasilien namens Caatinga vor. Dort ernährt er sich von Samen und Kakteenfrüchten. Aufgrund von Umweltzerstörung hatte seine Population in kurzer Zeit drastisch abgenommen. Der Spix Ara starb in freier Wildbahn aus. Viele Zoos und Privatzüchter gaben dann aber ihre Tiere an ein Zuchtprogramm, das den Spix-Ara wieder ansiedelte.

AFRIKA
MADAGASKAR

Vorherige Seite:

Pachypodium decaryi

Pachypodium decaryi *ist eine bedornte Sukkulente mit Pachycaulie. Das Wort Pachycaulie wird vom griechischen Wort für dick* (pachy) *und vom lateinischen Wort für Stamm* (caulis) *abgeleitet. Aufgrund ihres verdickten Stammes kann* Pachypodium decaryi *Wasser speichern und so in lang anhaltender Trockenheit überleben.*

Gerandeter Drachenbaum

Er ist als pflegeleichte Hauspflanze sehr beliebt. Sein wissenschaftlicher Name stammt von dem altgriechischen Wort für „weiblicher Drache". Der Baum erzeugt rotes Harz und gilt als guter Luftfilter.

Perrier-Sifaka

Dieser vollkommen schwarze Lemur ist einer der seltensten Lemuren auf der Welt. Er ist auch einer der am stärksten gefährdeten Primaten, da er nur in einem begrenzten Gebiet vorkommt und es nur noch wenige dieser Tiere gibt. Ähnlich gefährdet sind der Kronenmaki, der Sanford-Maki und der Goldkronensifaka. Wie andere Lemuren verwendet der Perrier-Sifaka seine Stimme, um sich zu verständigen und um vor Fressfeinden zu warnen.

Affenbrotbaum

Der Affenbrotbaum, weithin bekannt als Baum des Lebens, kann über 1 000 Jahre alt werden. Er erreicht eine Höhe von 30 Metern und einen Durchmesser von etwa 10 Metern. Der Affenbrotbaum ist sehr gut an eine trockene Umgebung angepasst und kann mehr als 120 000 Liter Wasser in seinem Stamm speichern!

Kronenmaki

Diese Primatenart gehört zu den kleineren Lemuren. Der Kronenmaki hat seinen Namen von dem kronenförmigen Fleck auf seinem Kopf. Der Verlust seines Lebensraums und die Jagd auf ihn sind die Hauptgründe dafür, dass es immer weniger Kronenmakis gibt.

Madagaskarpalme

Die robuste Madagaskarpalme ist eine beliebte Zierpflanze. Obwohl sie Palme heißt, weil sie einer Palme ähnelt, ist sie eine Sukkulente und mit *Pachypodium decaryi* (siehe Seite 17 und oben links) verwandt. Ihr dicker Stamm speichert Wasser und ist mit sehr dicken Dornen bedeckt.

Sanford-Maki

Diese Lemuren teilen sich den Lebensraum mit den Kronenmakis. Wie andere Lemuren sind sie sehr intelligent und in der Lage, Aufgaben zu lernen, die zu kompliziert für andere Primaten sind. Sie verwenden auch ihre Duftdrüsen, um Reviere zu markieren.

Madagassische Schnabelbrustschildkröte

Diese große Schildkröte, die auch als Angonoka bekannt ist, gehört zu den seltensten Schildkröten. Leider wird sie, wie viele einzigartige Tiere Madagaskars, oft gefangen und als exotisches Haustier verkauft. Aus diesem Grund ist sie vom Aussterben bedroht.

Trockenwälder auf Madagaskar

Spitzschopf-Seidenkuckuck

Der Spitzschopf-Seidenkuckuck hat einen grauen Schopf. Die Haut um seine Augen ist auffällig lilafarben und blau. Dieser Vogel fliegt nur kurze Strecken oder vom Boden auf einen Baum. Nahrung zu finden ist für ihn kein Problem, da er alles frisst, was der Wald bietet – sogar kleine Chamäleons.

Furcifer Minor

Dieses einzelgängerische Chamäleon lebt auf Bäumen und ist auf Madagaskar endemisch. Anders als bei anderen Chamäleons sind die Weibchen bunter als die Männchen.

Goldkronensifaka

Der goldene Kopf dieses überwiegend beigefarbenen Lemuren ähnelt einer Krone. Auch der Goldkronensifaka verwendet Geruchsmarkierungen, um seine Artgenossen zu finden und um Außenseiter zu warnen. Seinen sehr langen Schwanz benutzt er wie andere Lemuren, um das Gleichgewicht zu halten. Anders als andere Primaten nutzt er seinen Schwanz nicht zum Greifen.

Henkels Plattschwanzgecko

Wie die meisten Geckos ist dieser Gecko nachtaktiv und lebt vor allem auf Bäumen. Er ist ein Meister der Tarnung. Mit vielen anderen Geckos hat er auch die Haftflächen an Fingern und Zehen gemeinsam. Wie der Name schon sagt, hat er einen platten Schwanz. Diesen kann er, ähnlich wie die verwandten Eidechsen, bei einem Angriff abwerfen, um zu entkommen.

3 Tropische und subtropische Nadelwälder

Geoffroy-Klammeraffe

Dieser große Affe erinnert an eine Spinne: Die dünnen Arme des Geoffroy-Klammeraffen sind länger als seine Beine und er kann sich damit leicht von Baum zu Baum schwingen. Mit seinem starken Greifschwanz, der länger ist als sein Körper, kann er lange an Bäumen hängen. Der Schwanz wird nicht nur für die Fortbewegung verwendet, sondern auch, um Früchte zu pflücken. Heimisch ist der Geoffroy-Klammeraffe in Mittelamerika.

Bermuda-Palmetto

Diese Palme ist auf den Bermudas endemisch. Seit Jahrhunderten werden ihre Wedel zur Herstellung von Dächern, Körben und anderen Gegenständen verwendet. Ihre Früchte sind essbar. Aufgrund von invasiven Arten, die diese Palme verdrängen, ist die Bermuda-Palmettopalme in freier Natur gefährdet.

Die meisten tropischen und subtropischen Nadelwälder bestehen vor allem aus Nadelhölzern und befinden sich in Nord- und Mittelamerika.

Die Temperaturen variieren nur mäßig, und es regnet gelegentlich. Da Nadelwälder nicht so dicht sind, erreicht etwas Sonnenlicht den Boden und fördert das Wachstum von Pflanzen wie zum Beispiel Farnen.

Jadewein

Diese Liane ist auf der Philippineninsel Luzon heimisch und hat eine ungewöhnliche Jadefärbung, die zwischen Aquamarin und Türkis variiert. Ihre krallenförmigen Blüten blühen üppig. Aufgrund der Abholzung von Wäldern wird der Jadewein in freier Natur selten.

Hispaniolatrogon

Der Hispaniolatrogon ist der Nationalvogel Haitis und in den tropischen Nadelwäldern der Karibik endemisch. Das bedeutet, dass er nur dort lebt. Der bunte Vogel ist überwiegend grau, hat einen roten Bauch und blaugrüne Flügel. Sein kurzer und kräftiger Schnabel ist dazu geeignet, Löcher in Bäume zu hacken, um dort Nester zu bauen.

Kragenbär

Er ist in Südasien heimisch und wird auch Asiatischer Schwarzbär oder Mondbär genannt. Er hat ein schwarzes Fell mit einem auffälligen weißen Zeichen auf der Brust. Der Kragenbär kann gut klettern und frisst Früchte, Blätter, Nüsse und kleine Tiere. Obwohl der Kragenbär gesetzlich geschützt ist, wird er oft gejagt, weil seine Körperteile in der traditionellen asiatischen Medizin sehr geschätzt werden.

NORDAMERIKA
MEXIKO

Vorherige Seite:

Kojote

Der Kojote gehört zur Familie der Hunde und ist größer als ein Fuchs und kleiner als ein Wolf. Er ist sehr intelligent, hat einen ausgeprägten Geruchssinn und ein sehr gutes Gehör. Um zu kommunizieren, verwendet er unverkennbare Laute. Wie die Wölfe bilden die Kojoten starke Familiengruppen. Der Kojote ist ein wendiges Tier, von Natur aus anpassungsfähig und er frisst fast alles.

Thelocactus bicolor

Kakteen haben Dornen, die der Pflanze zur Verteidigung dienen. Mit ihnen können sie aber auch Wasser aus der Luft auffangen. Da ihre Umgebung oft trocken ist, sind Kakteen in der Lage, eine Menge Regenwasser zu speichern.

Felsenstreifenhörnchen

Das Felsenstreifenhörnchen ist ein kleines, rauchgraues Streifenhörnchen, das vor allem auf Felsen, aber auch in Wäldern lebt. Streifenhörnchen verwenden verschiedene Laute und Körpersprache, um zu kommunizieren.

Wanderfalke

Sein Name stammt von seinem Zugverhalten, denn er legt oft große Entfernungen zurück. Da er Geschwindigkeiten von über 320 Kilometer pro Stunde erreichen kann, wenn er im Sturzflug seine Beute fängt, gilt er als das schnellste Tier der Welt. Die Verwendung von Schädlingsbekämpfungsmitteln hat die Population dieses Raubvogels drastisch verringert: Die Falken fraßen andere Vögel und Insekten, die wiederum vergiftete Samen gefressen hatten. Mittlerweile gilt der Wanderfalke aber nicht mehr als gefährdet.

Pinus nelsonii

Dieser kleine immergrüne Nadelbaum ist besonders, da sich sein Aussehen und sein Erbgut deutlich von dem verwandter Pinienarten unterscheiden. *Pinus nelsonii* kann 600 Jahre alt werden. Seine Samen sind essbar und werden als Nahrung geschätzt.

Maultierhirsch

Die großen Ohren, die denen eines Maultiers ähneln, und die schwarze Schwanzspitze sind typische Kennzeichen dieser geselligen Tiere. Im Herbst finden sich Familiengruppen zu einer großen Gruppe zusammen, um sich gegenseitig während des Winters zu schützen. Wie die Gazelle springt der Maultierhirsch oft gleichzeitig mit allen vier Füßen vom Boden ab. Das nennt man Prellspringen.

Kiefern-Eichen-Wälder in der Sierra Madre

Weißrüssel-Nasenbär

Dieses kleine Säugetier lebt vor allem auf Bäumen. Seinen Schwanz verwendet es, um das Gleichgewicht zu halten. Mit seinen scharfen Krallen und der langen, kräftigen Nase kann der Weißrüssel-Nasenbär leicht auf dem Boden und unter Steinen nach Nahrung suchen.

Eiche

Eichen gehören zu den ältesten Bäumen der Welt und gelten in vielen Kulturen als heiliges Symbol. Sie können bis zu 1000 Jahre alt werden. Eichenholz ist eines der härtesten Hölzer weltweit und findet vielfach Verwendung, von der Herstellung von Weinfässern bis zum Schiffbau. Der Baum hat sein eigenes Ökosystem, in dem er verschiedene Arten von Pflanzen, Insekten, Vögeln und anderen Tieren beherbergt und ernährt.

Grüne Baumschleiche

Ihre Farben können von Smaragdgrün bis Blau variieren. Die Grüne Baumschleiche ist gewöhnlich in der Nähe von Pflanzen zu finden, die auf anderen Pflanzen leben. Das sind zum Beispiel Bromelien, Flechten und Orchideen. Vor allem aufgrund des illegalen Haustierhandels ist die Grüne Baumschleiche gefährdet.

Maronenstirnsittich

Dieser große Papagei ist dunkelgrün und hat dunkelrote Schultern, eine braune Stirn und einen langen Schwanz. Der gesellige Vogel lebt auf Felsen und in Kiefernwäldern. Seine Rufe sind sehr laut und klingen wie Gelächter. Wegen der Zerstörung seines Lebensraums gilt diese Art als gefährdet.

Amerikanischer Schwarzbär

Der Amerikanische Schwarzbär, der kleiner und weniger aggressiv ist als der Grizzlybär, klettert oft auf Bäume. Er ist ein guter Schwimmer und hat einen ausgeprägten Geruchssinn. Der Amerikanische Schwarzbär ernährt sich größtenteils von Pflanzen. Trotz ihres Namens sind Schwarzbären nicht immer schwarz. Sie können auch braun oder grau sein oder blonde Fellschattierungen haben.

Japanische Blütenkirsche

Die Kirschblüte dieses Baumes wird Sakura genannt und von vielen als Nationalblume Japans angesehen. Die Japanische Blütenkirsche, die auch Orientalische Kirsche heißt, ist in Japan, China und Korea beheimatet. Sie ist in der japanischen Kultur sehr wichtig. Wegen seiner Schönheit wird dieser Baum in vielen Ländern gezüchtet.

Die gemäßigten Laub- und Mischwälder bedecken große Gebiete in Europa, Zentralchina und im östlichen Nordamerika. Man kann sie im Herbst leicht erkennen, wenn sich die Buchen-, Eichen-, Birken- und Ahornblätter verfärben und im Winter abfallen.

Da die Temperaturen und die Regenfälle während des Jahres variieren, unterscheiden sich die Jahreszeiten stark: Die Sommer sind heiß und die Winter kalt. In diesen Wäldern gibt es erheblich weniger Baumarten als in tropischen Wäldern.

Südpudu

Dieser Pudu wird nur knapp 40 Zentimeter hoch und ist eine der kleinsten Hirscharten der Welt. Das Tier, das in den südlichen Anden in Südamerika beheimatet ist, ist dämmerungsaktiv und einzelgängerisch. Pudus sind aufgrund der Zerstörung und Zersplitterung ihres Lebensraums gefährdet.

4 Gemäßigte Laub- und Mischwälder

China

Nördlicher Streifenkiwi

Der Nördliche Streifenkiwi kommt nur auf der Nordinsel Neuseelands vor und ist der größte und am weitesten verbreitet lebende Kiwi. Es gibt vier weitere Kiwiarten, die alle in Neuseeland beheimatet sind. Der Nördliche Streifenkiwi ist, wie andere Kiwis, an ein Leben am Boden angepasst. Er hat schwere Knochen und sehr kleine Flügel, die zu klein sind, um zu fliegen. Seine Federn sind pelzähnlich und er hat einen guten Geruchs- und Tastsinn.

Koala

Obwohl Koalas oft Koalabären genannt werden, sind sie keine Bären, sondern Beuteltiere wie die Kängurus. Sie verbringen fast ihr ganzes Leben auf Eukalyptusbäumen. Wenn sie nicht schlafen – was sie ungefähr 20 Stunden pro Tag machen –, fressen sie. Trotz ihres niedlichen Aussehens können Koalas beißen und kratzen. Sie leben an der Ost- und Südküste Australiens.

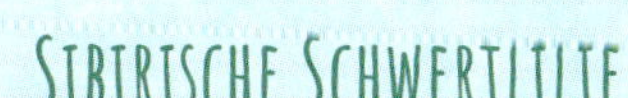

Sibirische Schwertlilie

Diese Blume ist in gemäßigten Regionen in Mitteleuropa und Zentralasien beheimatet und variiert farblich zwischen Violett und Blau. In einigen europäischen Ländern ist die Sibirische Schwertlilie in freier Natur gefährdet oder bereits ausgestorben.

ASIEN
CHINA

Vorherige Seite:

Goldstumpfnase

Diese auf Bäumen lebende Primatenart ist besonders gesellig. Die Goldstumpfnase kommuniziert sehr gut mit ihrem Gesichtsausdruck, ihrer Haltung und verschiedenen Lauten. Der zweite Teil des wissenschaftlichen Namens, roxellana, *wird mit der Frau eines osmanischen Sultans in Verbindung gebracht, die angeblich goldene Haare und eine Stupsnase hatte.*

Bambus

Obwohl Bambus wie ein Baum über 30 Meter hoch werden kann, gehört er zu den Gräsern. Einige Bambusarten gelten als die am schnellsten wachsenden Pflanzen auf der Erde. Sie wachsen fast einen Meter an einem einzigen Tag! Bambus kommt auf fast allen Kontinenten vor. In China ist er die Hauptnahrung für Große und Kleine Pandas.

Nebelparder

Trotz seines Namens ist der Nebelparder keine Leopardenart, sondern eine eigene Großkatzenart. Er lebt auf Bäumen und ist meistens nachtaktiv. Das nebelähnliche Muster auf seinem Fell dient zur Tarnung, die ihn sowohl vor seiner Beute als auch vor seinen Fressfeinden verbirgt. Im Verhältnis zu seiner Körpergröße hat der Nebelparder die längsten Eckzähne aller Katzen.

Takin

Der Takin, der aus derselben Familie wie der Büffel stammt, wird auf Chinesisch Bambuskuh genannt. Er lebt an hochgelegenen Berghängen und verbringt den Tag mit Grasfressen und Ausruhen. Obwohl es scheint, als würde sich das Tier langsam bewegen, kann es bei Gefahr ziemlich schnell sein. Der Takin ist das Nationaltier von Bhutan.

Goldfasan

Dieser schöne und farbenprächtige Vogel ist in China ein Symbol für Glück und Wohlstand. Wie andere Fasane kann auch der Goldfasan fliegen. Allerdings kann er viel schneller laufen als fliegen. Wegen seiner Schönheit wird der Goldfasan häufig in Gefangenschaft gehalten.

Ginkgo

Der Ginkgo gilt als die älteste Baumart der Erde und ist ein echtes lebendes Fossil. Fossilienfunde haben ergeben, dass seine Form und Gestalt mindestens seit der Jurazeit vor 170 Millionen Jahren fast unverändert geblieben sind. Der Ginkgo ist eine sehr beliebte Pflanze, besonders in der chinesischen Medizin.

Gemäßigte Wälder in Südwestchina

Nipponibis

Dieser große langbeinige Vogel ist auch als Japanischer Schopfibis oder Toki bekannt. Aufgrund der Verschmutzung seines Lebensraums ist er fast ausgestorben und steht sinnbildlich für die Umweltzerstörung in Asien. Einige wenige Tiere kommen jetzt nur noch in China und Japan vor.

Kleiner Panda

Trotz seines Namens und seiner Fressgewohnheiten ist der Kleine Panda eigentlich kein Panda. Den Namen hat er tatsächlich erhalten, bevor der Große Panda wissenschaftlich beschrieben wurde. Auf Nepalesisch bedeutet er Bambusesser. Der Kleine Panda gehört zu den Marderverwandten und ist entfernt verwandt mit Stinktieren und Waschbären.

Davidnachtigall

Dieser kleine Sperlingsvogel hat einen flammend-orangefarbenen Hals- und Brustbereich und ist scheu. Der wissenschaftliche Name der Davidnachtigall – *Calliope* – stammt aus dem Altgriechischen und bedeutet schönstimmig. Aufgrund von Entwaldung verliert dieser Vogel seinen Lebensraum.

Großer Panda

Der Große Panda ist das Symbol für den Artenschutz und der am stärksten gefährdete Bär der Welt. Er verbringt fast den ganzen Tag mit Fressen. Vor allem frisst er Bambus, selten auch andere Pflanzen und kleine Tiere. Aufgrund dieser Ernährung ist der Stoffwechsel beim Panda so langsam wie beim Faultier.

5 Gemäßigte Nadelwälder

Graues Langohr

Diese kleine graue Fledermaus hat auffallende große Ohren und kommt nur in Europa vor. Aufgrund der Zerstörung ihres Lebensraums und der Verwendung von Schädlingsbekämpfungsmitteln wird sie seltener. Wie andere Fledermäuse nutzt dieses nachtaktive Säugetier Echoortung, um sich beim Fliegen in der Dunkelheit zu orientieren und Nahrung zu finden.

USA

Waldkiefer

Die in Eurasien beheimatete Waldkiefer ist die weltweit am weitesten verbreitete Kiefernart. Ihre rötlich-orangefarbene Rinde ist in Wäldern leicht zu erkennen. Die Kiefer kann bis zu 30 Meter hoch und ungefähr 400 Jahre alt werden. Sie ist wirtschaftlich sehr wichtig, besonders in den nordischen Ländern, wo ihr Holz für Möbel und in der Baubranche verwendet wird.

Edelweiß

Das Edelweiß stammt ursprünglich aus Asien und ist in den Alpen beheimatet. Es gilt als die Nationalblume der Schweiz. Diese Gebirgsblume mit weißen pelzartigen Blättern und kleinen Blüten wird mit vielen Mythen und Legenden in Verbindung gebracht. Ihr griechischer Name bedeutet Löwenfüßchen.

In den gemäßigten Nadelwäldern sind die höchsten Bäume der Welt, die Mammutbäume, beheimatet. Typisch für diese Wälder sind außerdem immergrüne Nadelbäume wie Zedern, Tannen und Kiefern. Die Vegetation auf dem Boden wird von Büschen, Stauden, Gräsern und Farnen beherrscht.

Große Fleischfresser wie Bären leben dort. Gemäßigte Nadelwälder kommen vor allem in Küstenregionen mit warmen Sommern und milden Wintern vor. Beispiele sind der Norden Großbritanniens, das westliche Nordamerika, Neuseeland und Japan.

Rothirsch

Der Rothirsch, eine der größten Hirscharten, ist in Europa und in einigen Regionen Asiens und Nordafrikas beheimatet. Um die Hirschkühe während der Paarungszeit anzulocken, stoßen die Hirsche einen lauten röhrenden Ton aus. Obwohl dieses Säugetier oft gejagt wird, sei es als Nahrung oder beim Jagdsport, ist der Rothirsch nicht gefährdet.

Taguan

Im Vergleich zu einem Eichhörnchen ist der Taguan groß und in der Lage zu fliegen. Seine muskulöse Flughaut, die sich von seinen Handgelenken bis zu den Beinen erstreckt, ermöglicht es dem Tier, zwischen den Bäumen in der Luft zu gleiten. Der Taguan kann auch sehr gut klettern. Mit seinen großen Augen kann das nachtaktive Tier im Dunkeln gut sehen. Der Taguan kommt unter anderem im Himalaja vor.

Satyrtragopan

Der Satyrtragopan, der auch Rotes Satyrhuhn genannt wird, ist ein Vogel aus der Familie der Fasane. Die Weibchen sind einfarbig braun gefärbt, die Männchen hingegen farbenprächtig: Ihr mit schwarzen und weißen Flecken bedeckter Körper ist orange-braun und hat eine rote Brust. Ihr Kopf ist schwarz mit blauem Gesicht. Da sich die Satyrtragopane oft verstecken, sind sie in freier Natur trotz ihrer Färbung schwer zu finden. Sie kommen im Himalaja vor.

Nordamerika
USA

Vorherige Seite:

Sierra-Dickhornschaf

Das in der Sierra Nevada heimische Sierra-Dickhornschaf ist eine Unterart des Dickhornschafs. Seine Hörner sind breiter, aber kürzer als die der anderen Dickhornschafe. Es lebt in offenem Gelände, wo es Fressfeinde schnell entdecken kann.

Weißkopfseeadler

Der Weißkopfseeadler ist der Nationalvogel der USA und mit ungefähr zwei Metern Flügelspannweite einer der größten Raubvögel. Er lebt in der Nähe von Gewässern und ernährt sich vor allem von Fischen. Infolge von Luftverschmutzung und des Verlusts seines Lebensraums gab es in der Vergangenheit immer weniger Weißkopfseeadler. Aufgrund erfolgreicher Umweltschutzmaßnahmen gilt er mittlerweile jedoch nicht mehr als gefährdet.

Skypilot

Diese kleine blauviolette Blume, die nur in der Sierra Nevada vorkommt, wächst auf Abhängen oder Felsvorsprüngen in Höhen von bis zu ungefähr 4 000 Metern. Daher stammt auch ihr englischer Name Skypilot, *auf Deutsch Himmelspilot. Da nur wenige Insekten in solchen Höhen zu finden sind, nutzt die Pflanze ihre leuchtende Farbe und ihren besonderen Duft, um Bestäuber wie zum Beispiel Hummeln anzulocken.*

Yosemite-Kröte

Die nur in der Sierra Nevada heimische Yosemite-Kröte ist gut an große Höhen angepasst. Im Winter hält sie in Erdhöhlen Winterschlaf. Wie andere Kröten ist die Yosemite-Kröte ein Lauerjäger, der – anstatt nach Nahrung zu suchen – getarnt und versteckt auf seine Beute wartet und sie dann überraschend angreift.

Hakengimpel

Dieser Fink wird bis zu 25 Zentimeter groß und ist damit einer der größten Finken der Welt. Die Männchen sind rot und grau, die Weibchen gelb und grau. Sein kegelförmiger, kräftiger Schnabel ist zum Knacken von Nüssen und Samen geeignet.

Weißohrige Taschenmaus

Die Weißohrige Taschenmaus ist in Kalifornien endemisch. Sie ist nachtaktiv und versteckt sich meist in Büschen und Erdhöhlen vor ihren Fressfeinden.

Nordamerikanisches Katzenfrett

Das Nordamerikanische Katzenfrett, das nachtaktiv und einzelgängerisch ist, sieht und klettert sehr gut. Sein auffallender buschiger Schwanz mit schwarzen und weißen Ringen hat ihm seinen englischen Namen *Ringtail* gegeben. Das bedeutet übersetzt geringelter Schwanz. Das Nordamerikanische Katzenfrett wird oft als Katze bezeichnet, gehört aber zur Familie der Kleinbären.

Sierra-Stachelbeere

Dieser dornige Strauch bringt im Herbst eine essbare rote Beere hervor, die mit dicken, scharfen Stacheln bedeckt ist. Die Marmelade, die aus dieser Frucht gemacht wird, wird vor Ort sehr geschätzt. Die rosa-roten Blüten locken Kolibris und Bienen an.

Langohr-Streifenhörnchen

Der englische Name *Chipmunk* – auf Deutsch Streifenhörnchen – kommt wahrscheinlich von einem kanadisch-indigenen Wort, das rotes Eichhörnchen bedeutet. Das Langohr-Streifenhörnchen ist tagaktiv und lebt auf dem Waldboden oder auf Bäumen. Im Winter hält es in einem Erdloch Winterruhe.

Kalifornische Schopfwachtel

Die Kalifornische Schopfwachtel ist ein mittelgroßer Vogel mit kurzem Hals, kleinem Kopf, kleinem Schnabel und einer Federhaube. Obwohl dieser Vogel fliegen kann, bleibt er meist auf dem Boden, wo er schneller laufen kann.

Grizzlybär und Kalifornische Goldforelle

Der Grizzlybär ist die nordamerikanische Unterart des Braunbären. Dieses riesige und hochintelligente Tier ist eines der gefährlichsten Raubtiere. Trotz seiner Größe kann der Grizzlybär etwa 50 Kilometer pro Stunde schnell laufen. Er hat auch einen hervorragenden Geruchssinn und ein sehr gutes Gehör und Gedächtnis.
Die Kalifornische Goldforelle ist eine Unterart der Regenbogenforelle und nur in den Bergen Kaliforniens beheimatet. Ihre Population nimmt immer stärker ab und sie gilt als gefährdet.

Riesenmammutbaum

Dieser immergrüne Nadelbaum, der auch Sierra-Mammutbaum genannt wird, ist die Baumart mit dem dicksten Stamm. Der voluminöseste Riesenmammutbaum trägt den Namen *General Sherman*. Er ist 83 Meter hoch, 32 Meter breit und mit rund 3000 Jahren auch einer der ältesten Bäume der Welt. Der Küstenmammutbaum, der zu derselben Familie gehört, kommt auch in Kalifornien vor. Der größte Küstenmammutbaum ist 115 Meter hoch und der höchste Baum weltweit.

6 Taiga oder Boreale Nadelwälder

Im Biom der Borealen Nadelwälder, auch Taiga genannt, kommen überwiegend Nadelbäume wie Tannen, Lärchen, Kiefern und Fichten vor. Außerdem gibt es einige Laubbaumarten. Boreale Nadelwälder machen ein Drittel aller bewaldeten Flächen der Erde aus.

Das Klima dieses Bioms, das sich rund um den Erdball zieht, wird von niedrigen Temperaturen und durchschnittlichen Niederschlägen bestimmt. Im Winter sind diese Wälder schneebedeckt und viele Tiere halten Winterschlaf.

Rotfuchs

Dieses einzelgängerische, dämmerungs- und nachtaktive Säugetier hat ein ausgezeichnetes Gehör und einen hervorragenden Geruchssinn. Dadurch ist es ein sehr guter Jäger. Der Rotfuchs, der auf der gesamten Nordhalbkugel in verschiedenen Lebensräumen vorkommt, passt sich gut an die menschliche Umgebung an. Seit Jahrhunderten wird der Rotfuchs wegen seines Pelzes gejagt. Das Tier wird auch mit vielen Mythen in Verbindung gebracht.

Fischadler

Der Fischadler ist ein langflügeliger Greifvogel, der fast überall auf der Welt vorkommt. Der Raubvogel ist ein ausgezeichneter Fischer und jagt, indem er ins Wasser eintaucht. Die Unterseite seiner Zehen hat kleine dornartige Schuppen. So kann er bei der Jagd glitschige Fische greifen.

Russland

Arktisches Weidenröschen

Das Arktische Weidenröschen wächst auf sandigen oder steinigen Böden in den borealen Regionen, vor allem an Flussufern. Es ist die Nationalblume Grönlands. Dort wird sie *Niviarsiaq* genannt. Auf Deutsch bedeutet das junges Mädchen.

Stängelloser Frauenschuh

Diese auffällige pinkfarbene Orchidee aus Nordamerika wird auch Rosablütiger Frauenschuh genannt. Sie lebt während ihrer Entwicklung mit einem Bodenpilz in Symbiose, der ihr Nahrung gibt. Ist sie erwachsen und zur Reproduktion fähig, trägt sie zur Ernährung des Pilzes bei. Die Bestäubung erfolgt innerhalb der Blüte des Frauenschuhs, wo die Bienen mit Blütenstaub bedeckt werden.

Kragenente

Die Kragenente ist eine kleine Meerente. Ihr buntes Gefieder hat ihr ihren englischen Namen gegeben: *Harlequin Duck*. Er stammt von einer buntgekleideten Theaterfigur, dem Harlekin. Die Ente kommt in der Brutzeit in Alaska, Kanada, Grönland, Island, Japan und Ostsibirien vor.

EURASIEN
RUSSLAND

Vorherige Seite:

Ostsibirischer Braunbär

Der Ostsibirische Braunbär ist eine Unterart des Braunbären und größer als der Eurasische Braunbär. Wegen eines weißen Kragens, den einige dieser Bären haben, erhielt sein lateinischer Name den Zusatz collaris. *Das bedeutet auf Deutsch Kragen. Wie andere Braunbären hat er einen sehr guten Geruchssinn und ist in der Lage, Nahrung aus großer Entfernung zu wittern.*

Sibirische Taiga

Auerhuhn

Das Auerhuhn ist ein großes Raufußhuhn, das an den Waldrändern in Nordeuropa lebt. Die Männchen sind sehr farbenprächtig und haben eine metallisch glänzende grüne Brust. Wenn sie um Weibchen kämpfen, stoßen die Auerhähne merkwürdige Laute aus, die zum Beispiel wie das Geräusch beim Entkorken einer Flasche klingen.

Vielfraß

Dieses bärenähnliche Säugetier gehört zur Familie der Marder. Der Kiefer des Vielfraßes ist so stark, dass er in der Lage ist, Eis aufzubrechen. Dieses Raubtier, das einen hervorragenden Geruchssinn und ein ausgezeichnetes Gehör hat, jagt verschiedene Arten von Beutetieren, frisst aber oft auch Aas. Der Vielfraß ist gut an den Winter angepasst und hält keinen Winterschlaf.

Eurasischer Luchs

Diese Wildkatze ist nach dem Braunbären und dem Wolf das drittgrößte Landraubtier in Europa. Der Eurasische Luchs ist vorwiegend nachtaktiv, aber man kann ihn auch tagsüber jagen sehen. Er ist sehr leise und es ist schwer, seine Anwesenheit zu bemerken. Für seine Beute ist das bedauerlich.

Rötelfalke

Dieser kleine Falke ist ein tagaktiver Raubvogel, der zum Brüten in ein Brutrevier zieht. Wie andere Falken baut der Rötelfalke kein Nest. Er legt seine Eier zum Beispiel in Baumhöhlen oder Felsnischen.

Sibirischer Blaustern

Der Sibirische Blaustern ist eine blaue oder lila glockenförmige Blütenpflanze. Zwar lässt der Name vermuten, dass die Pflanze in Sibirien beheimatet ist, doch der Sibirische Blaustern kommt tatsächlich in anderen Teilen Russlands und Eurasiens vor.

Zobel

Der Zobel ist ein Säugetier aus der Familie der Marder, das sehr gut klettern kann. Er hat einen empfindlichen Geruchssinn und jagt meistens während der Dämmerungsstunden. In der Vergangenheit wurde das Tier wegen seines schönen, weichen Pelzes fast ausgerottet.

Eurasischer Wolf

Der Eurasische Wolf ist eine Unterart des Wolfs und lebt in kleinen Gruppen. In der Vergangenheit sind Wölfe gejagt worden. Das hat zu einer bedeutenden Verringerung der Population und zum Aussterben der Tiere in vielen Ländern geführt. Wie andere Wölfe kommuniziert der Eurasische Wolf durch verschiedene Laute, aber auch durch Körpersprache und Geruch.

Habichtskauz

Der Habichtskauz ist eine große nachtaktive Eule mit einem auffälligen runden Kopf. Wie bei vielen anderen Eulen befinden sich die Ohren an den Seiten des Kopfes und werden von Federn bedeckt. Der Habichtskauz hat verschiedene Rufe, die aus großer Entfernung zu hören sind.

Zwergiger Rittersporn

Diese schöne blaue Blume ist in Russland und China heimisch und an das kalte Klima angepasst. Wie andere Ritterspornarten ist diese Blume für Menschen und Tiere giftig. Da die Form ihrer Blüte einem Delfin ähnelt, erhielt die Gattung dieser Blume den griechischen Namen *Delphinium*

Tannenhäher

Der Schnabel des Tannenhähers ist viel größer als der Schnabel anderer Vögel aus der Gattung der Nussknacker. Er ist dazu geeignet, Samen aus Tannenzapfen herauszuziehen. Um sich für den Winter Nahrung zu sichern, verstecken Tannenhäher während des Sommers und des Herbstes Tausende von Nüssen im Waldboden. Sie erinnern sich, wo sie die Nüsse versteckt haben, sogar wenn diese mit Schnee bedeckt sind.

7 Tropische und subtropische Graslandschaften, Savannen und Buschland

Ozelot

Der Ozelot ist eine gefleckte Kleinkatze mit nachtaktiver Lebensweise, die in den südlichen Teilen von Nordamerika, Mittel- und Südamerika heimisch ist. Im Vergleich zum Jaguar ist der Ozelot ziemlich klein. Seine Zähne sind nicht zum Kauen geeignet. Deshalb muss er seine Nahrung in kleine Stücke reißen, die er dann im Ganzen verschlingt.

Sempre Viva

Diese auffällige Pflanze ist in der Cerrado-Region, den Savannen Brasiliens, beheimatet. Sempre Viva bedeutet immergrün. Sie wächst bis zu einer Höhe von zwei Metern und hat dann mehrere lange Blütenschäfte und kleine weiße Blüten.

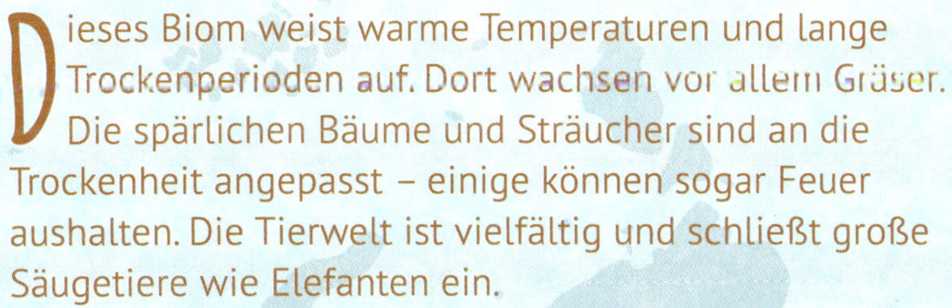

Dieses Biom weist warme Temperaturen und lange Trockenperioden auf. Dort wachsen vor allem Gräser. Die spärlichen Bäume und Sträucher sind an die Trockenheit angepasst – einige können sogar Feuer aushalten. Die Tierwelt ist vielfältig und schließt große Säugetiere wie Elefanten ein.

Wenn es wenig Nahrung gibt, legen die Tiere lange Strecken auf der Suche nach Wasser und Futter zurück. Einige Gebiete weisen sehr viele endemische Arten auf.

Passionsblume

In der Cerrado-Region, den Savannen Brasiliens, ist diese erstaunliche Blume beheimatet. Ihre strahlenförmig angeordneten Staubfäden bilden einen farbenprächtigen Strahlenkranz in der Mitte der Blüte. Die farbigen Ringe im Kranz führen Kolibris und Insekten zum Nektar. Ihre süße Frucht wird vor Ort sehr geschätzt.

Nandu

Der Nandu ist ein großer Vogel mit langem Hals und langen Beinen, der in Südamerika beheimatet ist. Seine Flügel benutzt er nicht zum Fliegen. Er kann damit beim Laufen das Gleichgewicht halten. Und es gibt noch eine Besonderheit: Nur die Nandu-Männchen sind dafür verantwortlich, die Eier zu bebrüten und zu beschützen, nicht die Weibchen.

Kenia

Panzernashorn

Die größte Nashornart Asiens ist in Bhutan, Indien und Nepal beheimatet. Das Panzernashorn lebt überwiegend einzelgängerisch. In der Vergangenheit war es fast ausgestorben, doch dank strenger Schutzmaßnahmen hat sich die Population inzwischen etwas stabilisiert.

AFRIKA
KENIA

Vorherige Seite:

Afrikanischer Elefant

Der Afrikanische Elefant ist das größte lebende Landsäugetier. Er erreicht eine Höhe von drei Metern und wiegt vier bis sieben Tonnen. Seine Ohren, deren Form an den afrikanischen Kontinent erinnert, regulieren durch das Wedeln seine Körpertemperatur. Afrikanische Elefanten nehmen ein Staubbad, indem sie Staub oder Schlamm auf ihre Haut werfen, um sie vor der Sonne und vor Parasiten zu schützen.

Gerenuk

Aufgrund seines langen Halses ist der Gerenuk, der auch Giraffengazelle genannt wird, in der Lage, an hohe Bäume zu gelangen. Diese Antilope mit großen Augen und Ohren ist sehr gesellig und verwendet Laute, um zu kommunizieren. Nur die Männchen haben Hörner. Um beim Fressen lange stehen zu können, kann der Gerenuk seine Wirbelsäule wölben und sein Gewicht auf seine Hinterbeine verlagern.

Schirmakazie

Die Akazie ist ein bekanntes Wahrzeichen der afrikanischen Savanne. Sie ist in dieser Umgebung eine sehr wichtige Pflanze, die vielen Tieren Nahrung, Schutz und Schatten bietet. Diese Bäume mit dornigem Laub können bis zu 200 Jahre alt werden. Einige Akazienarten wie der Gummiarabikumbaum, der Gummiarabikum erzeugt, sind auch wirtschaftlich von Bedeutung.

Spitzmaulnashorn

Dieser Einzelgänger hat einen ausgeprägten Geruchssinn und ein gutes Gehör und ernährt sich vor allem in der Dämmerung und nachts von Sträuchern und Bäumen. Das Spitzmaulnashorn ist das kleinere der beiden afrikanischen Nashornarten und hat zwei Hörner. Aufgrund seiner Bejagung ist dieses Tier vom Aussterben bedroht.

Ostafrikanische Oryxantilope

Die Ostafrikanische Oryxantilope, die besonders an den trockenen Lebensraum angepasst ist, kann tagelang ohne Wasser leben. Sie ist in der Lage, ihre Körpertemperatur zu erhöhen, ohne zu schwitzen. So ist der Wasserverlust ihres Körpers gering.

Kleiner Kudu

Der Kleine Kudu, der mit auffälligen weißen Streifen bedeckt ist, ist eine nachtaktive Antilope mit einem guten Gehör. So kann sie ihre Fressfeinde schnell entdecken. Die Männchen haben beeindruckende spiralförmige Hörner, die bis zu einem Meter lang werden können. Der Kleine Kudu kann gut springen – bis zu neun Meter weit!

Giraffe

Die Giraffe ist das höchste an Land lebende Säugetier. Ihr enorm langer Hals ist dazu geeignet, an Blätter in den Bäumen zu gelangen, aber zu kurz, um den Boden zu erreichen. Mit ihren ebenfalls langen Beinen kann die Giraffe bis zu 60 Kilometer pro Stunde schnell laufen. Außerdem hat sie große Augen, mit denen sie weit in die Ferne sehen kann.

Ostafrikanische Akaziensavannen

Afrikanischer Wildhund

Der wissenschaftliche Name des Afrikanischen Wildhundes ist *Lyacon pictus* und bedeutet so viel wie bunter Wolf. Das deutet auf die Färbung seines Fells hin. Das Tier gilt als einer der geselligsten Wildhunde. Er hat lange Beine und Ohren und ist der Einzige aus der Familie der Hunde mit nur vier Krallen an jedem Fuß. Wegen der Zersplitterung seines Lebensraums ist der Afrikanische Wildhund einer der am stärksten gefährdeten Hunde weltweit.

Gepard

Diese große Katze ist in der Lage, etwa 110 Kilometer pro Stunde schnell zu laufen. Damit ist sie das schnellste Landtier der Welt. Der englische Name des Geparden, *Cheetah*, stammt von einem Wort in Sanskrit, das *der Gefleckte* bedeutet. Sein gemustertes Fell dient ihm als Tarnung. Der Gepard ist gut an die Trockenheit angepasst und muss nicht jeden Tag Wasser trinken.

Weißer Flammenbaum

Aufgrund seiner Ähnlichkeit mit dem rötlichen Flammenbaum aus Madagaskar wird dieser Baum auch Flamboyant genannt. Er ist mittelgroß und hat weiße duftende Blüten.

Grevyzebra

Das Grevyzebra ist gut an die Trockenheit angepasst und braucht weniger Wasser als andere Zebraarten. Zwar könnte die Tarnung seiner schwarz-weißen Streifen dazu dienen, Raubtiere zu verwirren. Tatsächlich sind die Streifen aber eine Anpassung, um Stechmücken fernzuhalten, die Krankheiten übertragen.

Löwe

Der Löwe, eines der größten und stärksten Tiere aus der Familie der Katzen, ist sehr gesellig und lebt in Gruppen, die Rudel genannt werden. Die erwachsenen Männchen haben eine einzigartige goldfarbene, pelzartige Mähne und verteidigen ihr Territorium durch Brüllen und durch die Markierung mit Urin. In verschiedenen Kulturen ist der Löwe als Symbol für Mut und Stärke bekannt.

Amerikanischer Bison

Das größte Landsäugetier in Nordamerika ist eines der Nationaltiere der Vereinigten Staaten. Trotz seiner Größe kann der Bison schnell laufen, fast 60 Kilometer pro Stunde. Sein schwacher Sehsinn wird durch seinen ausgeprägten Geruchssinn und sein gutes Gehör ausgeglichen. Der Amerikanische Bison wurde seit vorgeschichtlicher Zeit gejagt und war fast ausgestorben.

Islandmohn

Der Islandmohn, der in freier Natur gelb und weiß blüht, wird auch in anderen Farben wie Orange und Rot gezüchtet. Wie andere Mohnblumen ist auch der Islandmohn giftig. Trotz seines Namens wächst der Islandmohn nicht in Island. Er kommt zum Beispiel in Kasachstan vor.

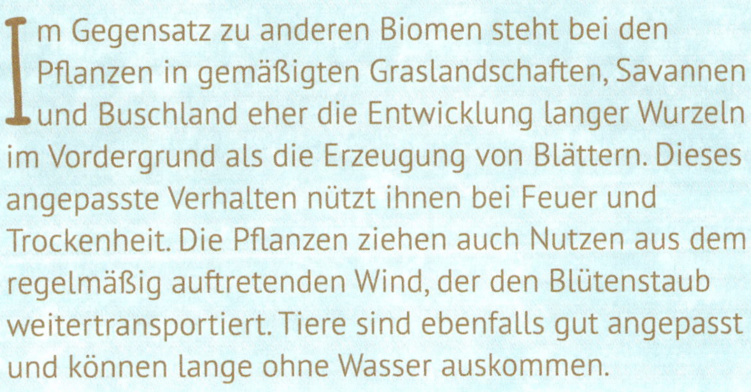

Im Gegensatz zu anderen Biomen steht bei den Pflanzen in gemäßigten Graslandschaften, Savannen und Buschland eher die Entwicklung langer Wurzeln im Vordergrund als die Erzeugung von Blättern. Dieses angepasste Verhalten nützt ihnen bei Feuer und Trockenheit. Die Pflanzen ziehen auch Nutzen aus dem regelmäßig auftretenden Wind, der den Blütenstaub weitertransportiert. Tiere sind ebenfalls gut angepasst und können lange ohne Wasser auskommen.

Dieses Biom kommt auf der Nordhalbkugel vor, besonders in den nordamerikanischen Prärien, den Steppen Europas und Asiens und auch in den südamerikanischen Pampas.

Felsenpinguin

Der Felsenpinguin hat durch seine roten Augen und die gelben Überaugenstreifen ein einzigartiges Aussehen. Von anderen Pinguinarten unterscheidet er sich auch dadurch, dass er von Felsen zu Felsen springt, um sich an felsigen Küsten fortzubewegen. Der Felsenpinguin kommt nur auf einigen kühl-gemäßigten Inseln im Südatlantik und im südlichen Indischen Ozean vor.

Gemäßigte Graslandschaften, Savannen und Buschland

8

Saiga-Antilope

Die Saiga-Antilope ist in eurasischen Steppen und Halbwüsten beheimatet. Ihre ungewöhnlich lange Nase, die über das Maul hängt, wirkt als Luftfilter. Das ist eine Anpassung an den kalten und staubigen Lebensraum. Aufgrund von illegalem Handel, Krankheiten und durch die Zerstörung ihres Lebensraums ist das Tier nun stark vom Aussterben bedroht.

Sonnenblume

Die weltweit bekannte Sonnenblume besteht aus Tausenden von winzigen Blüten. Sie erhielt ihren Namen aufgrund ihres einzigartigen Verhaltens, sich immer dem Sonnenlicht zuzuwenden und ihre Blüten während des Tages von Osten nach Westen zu bewegen. Sonnenblumen sind in den Prärien in Nordamerika beheimatet.

Schildsittich

Dieser auffällige Papagei, der auch Barrabandsittich genannt wird, kommt nur im südöstlichen Australien vor. Die Grundfärbung der Vögel ist leuchtend grün, die Männchen sind bunter als die Weibchen und weisen gelbe und rote Markierungen auf. Schildsittiche nisten in Baumhöhlen.

SÜDAMERIKA
ARGENTINIEN

Patagonische Steppe

Vorherige Seite:

Guanako

Die Guanakos, die derselben Familie wie die Kamele angehören, leben in Gruppen in freier Wildbahn. Darin unterscheiden sie sich von den Lamas und Alpakas, die domestizierte Haustiere sind. Aufgrund ihres weichen und warmen Fells waren die Guanakos überjagt. Mittlerweile gelten sie aber nicht mehr als gefährdet.

Südandenhirsch

Der Südandenhirsch, der auch Patagonischer Huemul genannt wird, ist ein Hirsch, der nur im argentinischen und im chilenischen Teil Patagoniens vorkommt. Der Südandenhirsch hat kurze Beine und ist damit an die felsige Landschaft gut angepasst. Aufgrund der Einschleppung invasiver Arten sowie des Verlusts und der Zersplitterung seines Lebensraums gilt der Südandenhirsch als stark gefährdet.

Andenkondor

Der Andenkondor, ein aasfressender Vogel, ist der größte Greifvogel der Welt und auch der größte flugfähige Vogel. Er hat eine Flügelspannweite von etwa drei Metern und einen sehr schweren Körper, sodass das Fliegen bei Wind leichter ist.

Magellanspecht

Dieser Specht, eine der größten Spechtarten weltweit, ist schwarz und hat weiße Markierungen auf den Flügeln. Die Männchen haben rote Köpfe und rote Hauben. Wie andere Spechte hackt auch der Magellansprecht auf Bäume, um Löcher für sein Nest zu schaffen und um Insekten als Nahrung zu finden.

Andenschakal

Der Andenschakal, der zweitgrößte Wildhund in Südamerika, der auch Culpeofuchs oder Feuerlandfuchs genannt wird, sieht aus wie ein Rotfuchs. Er ist jedoch kein Fuchs, sondern wie der Wolf ein Wildhund. Wie die meisten Wildhunde lebt der Andenschakal in Gruppen. Seine Nahrung ist vielfältig, dazu gehört auch Aas.

Puma

Der Puma, auch Berglöwe genannt, ist eine große Katzenart, die in Nord- und Südamerika beheimatet ist. Im Gegensatz zu Löwen sind Berglöwen Einzelgänger und nachtaktiv. Sie können bis zu 80 Kilometer pro Stunde schnell laufen und bis zu etwa fünf Meter hoch springen.

Magellanämmerling

Der Magellanämmerling ist ein kleiner Vogel mit grauen und gelben Federn. Er ernährt sich vor allem von Samen und Früchten wie der Berberitze. Der Magellanämmerling wird oft paarweise gesehen. Wenn er erschreckt wird, stößt er sich wiederholende Töne aus.

Berberitze

Dieser immergrüne Strauch mit gelben Blüten, der manchmal auch Calafate-Strauch genannt wird, ist das Symbol von Patagonien. Die Frucht wird für Marmelade und für medizinische Zwecke verwendet. Die Berberitze wird auch in Gärten gezüchtet und ihr Holz wirtschaftlich zur Gewinnung von Färbemittel genutzt.

Chilenischer Feuerbusch

Der Chilenische Feuerbusch ist ein kleiner immergrüner Baum oder Strauch mit auffälligen roten Blüten, die von Kolibris und Insekten bestäubt werden.

Patagonischer Skunk

Dieses kleine Säugetier mit schwarz-weiß gestreiftem Fell ist ein Einzelgänger mit nachtaktivem Verhalten. Wie andere Skunks sondert er bei Bedrohung ein übel riechendes Sekret ab, um andere Tiere davon abzuhalten, ihn zu fressen.

Chileflamingo

Der Chileflamingo, der sehr gesellig ist und in Kolonien lebt, verbringt fast den ganzen Tag mit Nahrungsaufnahme und Ausruhen. Wie andere Flamingos ist der Chileflamingo wegen eines Farbstoffs in seiner Nahrung pink. Der einzigartige Schnabel des Flamingos ist an das Filtrieren seiner Nahrung aus dem Wasser angepasst. Die Tiere haben die Gewohnheit, mit gesenktem Kopf Futter aufzunehmen.

Überschwemmungs-Graslandschaften und -Savannen

9

Diese unverwechselbaren Grasflächen und Savannen zeichnen sich durch ihre jahreszeitlich bedingten Überschwemmungen aus, die für Nahrung und Wasser für viele Tiere sorgen. Etliche Zugvögel sind von dieser Umgebung abhängig.

Die ausgeprägtesten überschwemmten Grasflächen und Savannen kommen im Pantanal in Südamerika, in den Everglades in den USA und im Sudd im Südsudan vor, wo es zahlreiche Tier- und Pflanzenarten gibt.

Flusspferd

Dieses Tier, das vor allem im Wasser, aber auch an Land lebt, ist in Afrika beheimatet. Das Flusspferd ist ein Säugetier und mit Delfinen und Walen verwandt. Weil der Lebensraum der Tiere verloren geht und weil sie wegen ihrer Eckzähne aus Elfenbein gejagt werden, gibt es immer weniger Flusspferde.

Brasilien

Papyrusstaude

Die Papyrusstaude, die an Ufern wächst, ist eine Wasserpflanze, die bis zu vier Meter hoch wird. Sie ist geschichtlich von Bedeutung, da Papyrus von den alten Ägyptern verwendet wurde, um das erste Schreibmaterial der Welt herzustellen. Papyrus ähnelt dickem Papier. Die Pflanze ist im Nildelta in Afrika beheimatet.

Schwarzschnabelstorch

Der Schwarzschnabelstorch hat lange Beine, einen langen Hals und einen großen Schnabel. So ist er gut an überschwemmte Gebiete angepasst. Er kommt hauptsächlich in China vor. Aufgrund seines weißen Gefieders und seiner schwarzen Flügelfedern ähnelt er dem europäischen Weißstorch. Im Gegensatz zu vielen anderen Vögeln können Störche nicht singen. Sie kommunizieren, indem sie mit ihren Schnäbeln klappern. Der Schwarzschnabelstorch gilt als stark gefährdet.

Europäische Seekanne

Diese Wasserpflanze, die in Europa und Asien beheimatet ist, hat an der Wasseroberfläche schwimmende Blätter und eine einzige gelbe Blüte. Wegen ihrer Schönheit wird sie als Zierpflanze gezüchtet. Außerhalb ihres natürlichen Lebensraums kann sie invasiv sein. Das bedeutet, dass sie dem dortigen Ökosystem schaden kann.

Nilkrokodil

Das Nilkrokodil ist eines der größten Reptilien der Welt und lebt in verschiedenen Gewässern. Obwohl sich das Nilkrokodil überwiegend von Fisch ernährt, ist es sehr aggressiv und greift zum Beispiel auch Zebras und Flusspferde an. Wie andere Krokodile kann das Nilkrokodil äußerst stark zubeißen. Es ist in Afrika beheimatet.

SÜDAMERIKA
BRASILIEN

Vorherige Seite:

Jabiru

Der Jabiru ist ein Symbol des Pantanals und wird eineinhalb Meter groß. Seine Flügelspannweite kann fast drei Meter betragen. Er ist eine der größten flugfähigen Vogelarten Südamerikas. Der Name Jabiru bedeutet geschwollener Hals in der einheimischen Tupí-Guaraní-Sprache. Der Jabiru ist ein großer Storch mit schwarzem Kopf, rotem Hals und einem riesigen schwarzen Schnabel. Er ernährt sich vorwiegend von Fischen, Amphibien und Weichtieren.

Wasserschwein

Das Wasserschwein ist das größte Nagetier der Welt. Die Schwimmhäute zwischen seinen Zehen erleichtern ihm das Schwimmen. So ist es gut an das Leben im Wasser und an Land angepasst. Die Augen, die Ohren und die Nase des Wasserschweins liegen oben am Kopf. Sie ragen aus dem Wasser, wenn der Rest des Körpers unter Wasser ist.

Pink Ipe

Der Baum wird in der einheimischen Tupí-Guaraní-Sprache ipê *genannt, was Baum mit dicker Rinde bedeutet. Wegen seiner schönen rosafarbenen Blüte heißt der Pink Ipe auch Rosa Trompetenbaum. Er wird oft als Ziergehölz in Landschaftsgärten gezüchtet und ist der Nationalbaum Paraguays.*

Wasserhyazinthe

Die Wasserhyazinthe ist eine schwimmende Wasserpflanze, die äußerst schnell wächst und große Flächen bedeckt. Außerhalb ihres heimischen Lebensraums gilt die Pflanze als invasive Art, die andere Arten gefährdet. Wegen ihrer auffallenden rosa Blüten ist die Wasserhyazinthe als Zierpflanze sehr beliebt.

Sumpfhirsch

Der Sumpfhirsch hat schwarze Beine und Hufe mit einer Membran zwischen den Hufteilen. Diese verhindert, dass er zu tief im Sumpfland einsinkt. Mit einer Länge von zwei Metern und einem Meter Höhe ist er der größte Hirsch in Südamerika. Der Sumpfhirsch hat große Ohren und ein rötliches Fell. Er ernährt sich am liebsten von Wasserpflanzen.

Großer Ameisenbär

Die größte der Ameisenbärenarten ist ziemlich auffällig. Auf seiner äußerst langen Zunge, die etwa 60 Zentimeter über das Ende seiner Schnauze hinausgeht, befindet sich eine klebrige Speichelflüssigkeit, mit der er bis zu 30 000 Ameisen und Termiten an einem einzigen Tag aufschlecken kann. Der Ameisenbär bewegt sich langsam. Wenn es notwendig ist, kann er aber mit einer Geschwindigkeit von bis zu 50 Kilometern pro Stunde laufen. Außerdem ist er sowohl ein guter Kletterer als auch ein guter Schwimmer.

Mähnenwolf

Der größte Wildhund Südamerikas hat ein rötliches Fell, das einem Rotfuchs ähnelt. Im Gegensatz zu anderen Wildhundarten ist der Mähnenwolf ein Einzelgänger. Er hat einen ausgeprägten Geruchssinn und ein gutes Gehör und jagt kleine Säugetiere, ernährt sich aber auch von Früchten. Seine langen Beine sind eine Anpassung an seinen Lebensraum auf Grasflächen.

Die Überschwemmungs-Savannen des Pantanals

Hyazinth-Ara

Der Hyazinth-Ara, der mit einem leuchtend kobaltblauen Gefieder bedeckt und etwa einen Meter lang ist, ist der größte Papagei der Welt. Sein großer und kräftiger Schnabel lässt ihn sogar die härtesten Palmkerne knacken. Wie andere Papageien sind Hyazinth-Aras monogam: Sie bleiben ihr Leben lang mit ihrem Partner zusammen. Aufgrund des Verlusts von Lebensraum ist der Hyazinth-Ara gefährdet.

Südlicher Brillenkaiman

Der Brillenkaiman ist ein Reptil und gehört zur Familie der Alligatoren. Einschließlich des Schwanzes ist er knapp drei Meter lang und hat viele dunkle Flecken auf dem Körper. Der Brillenkaiman versteckt sich zwischen Wasserpflanzen und ernährt sich vor allem von Schnecken und Fischen, aber auch von Schlangen und Wasserschweinen. Wegen seiner Haut wurde der Brillenkaiman in der Vergangenheit zur Ledergewinnung massiv gejagt.

Braunkehl-Faultier

Das Braunkehl-Faultier ist eine Art aus der Familie der Dreifinger-Faultiere. Forscherinnen und Forscher vermuten, dass es auch im Pantanal vorkommt. Faultiere schlafen etwa 18 Stunden am Tag. Sie sind so langsam, dass viele Algen- und Pilzarten auf ihrem Fell wachsen. Sie verbringen fast ihr ganzes Leben in Baumkronen. Daran ist ihr Körper gut angepasst. Die Faultiere verlassen ihren Baum nur einmal pro Woche, um am Boden Kot abzulassen. Sie bleiben nur für kurze Zeit unten, da sie dort angreifbar für Fressfeinde sind.

Jaguar

Der Jaguar ist die größte Wildkatze in Nord- und Südamerika. Obwohl er dem Leoparden ähnelt, ist er größer und sein Fell weist rosettenförmige Flecken mit Tupfen in der Mitte auf. Diese Flecken helfen ihm bei der Tarnung. Im Gegensatz zu den meisten Katzen lieben Jaguare das Wasser und können sehr gut schwimmen. Der kräftige Kiefer und die starken Zähne dieses einzelgängerischen Raubtiers sind sogar stark genug, um harte Panzer zu knacken.

Amazonas-Riesenseerose

Die Amazonas-Riesenseerose ist mit bis zu drei Metern Durchmesser die weltweit größte Seerose. Sie ist in flachen Gewässern im Amazonasgebiet und im Pantanal heimisch. Dieses schwimmende Blatt, das mit Wurzeln in Lehmerde verankert ist, ist auch als *Victoria amazonica* bekannt. Ihre duftende Blüte blüht nachts und nur wenige Tage lang.

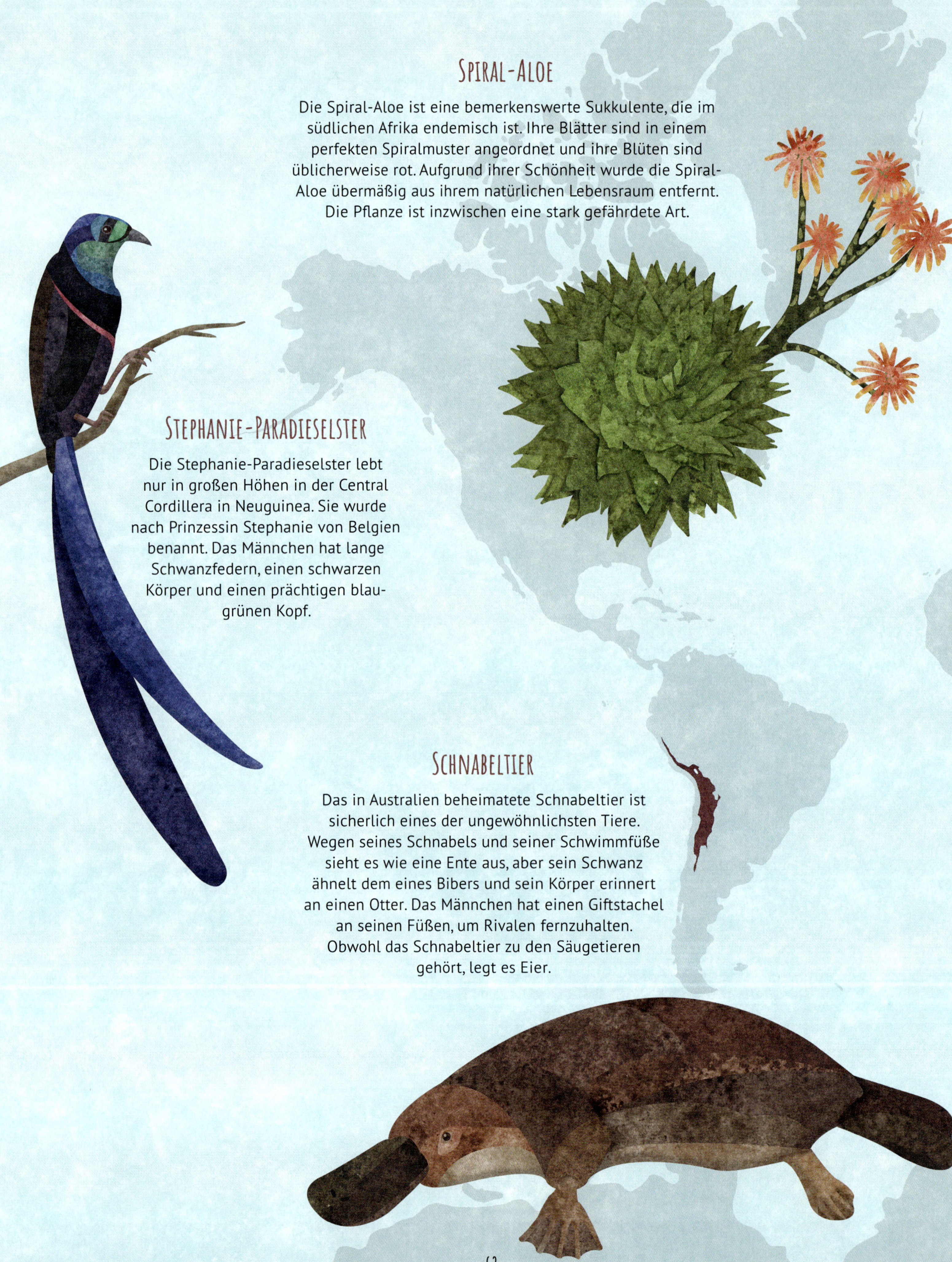

Spiral-Aloe

Die Spiral-Aloe ist eine bemerkenswerte Sukkulente, die im südlichen Afrika endemisch ist. Ihre Blätter sind in einem perfekten Spiralmuster angeordnet und ihre Blüten sind üblicherweise rot. Aufgrund ihrer Schönheit wurde die Spiral-Aloe übermäßig aus ihrem natürlichen Lebensraum entfernt. Die Pflanze ist inzwischen eine stark gefährdete Art.

Stephanie-Paradieselster

Die Stephanie-Paradieselster lebt nur in großen Höhen in der Central Cordillera in Neuguinea. Sie wurde nach Prinzessin Stephanie von Belgien benannt. Das Männchen hat lange Schwanzfedern, einen schwarzen Körper und einen prächtigen blau-grünen Kopf.

Schnabeltier

Das in Australien beheimatete Schnabeltier ist sicherlich eines der ungewöhnlichsten Tiere. Wegen seines Schnabels und seiner Schwimmfüße sieht es wie eine Ente aus, aber sein Schwanz ähnelt dem eines Bibers und sein Körper erinnert an einen Otter. Das Männchen hat einen Giftstachel an seinen Füßen, um Rivalen fernzuhalten. Obwohl das Schnabeltier zu den Säugetieren gehört, legt es Eier.

10 Gebirgige Gras- und Buschlandschaften

Nepal

Blutbrustpavian

Im Gegensatz zu anderen Affen ist der Blutbrustpavian ein Bodenbewohner und in einer kalten Region, dem Hochland von Äthiopien, beheimatet. Die Paviane leben in Gruppen, die von einem Männchen angeführt werden. Sie schlafen nachts auf Felsenklippen und suchen tagsüber auf Grasflächen nach Nahrung. Die Blutbrustpaviane verständigen sich durch Laute, aber auch durch ihre Körperhaltung und ihren Gesichtsausdruck.

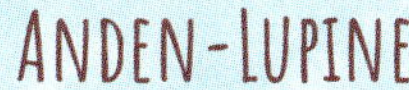

Anden-Lupine

Die Anden-Lupine, auch Tarwi genannt, ist in Chile beheimatet. Wegen ihrer essbaren Samen, die reich an Protein und Öl sind, wird die Pflanze seit Tausenden von Jahren in den Anden gezüchtet. Die Anden-Lupine wird wegen ihrer schönen blauen Blüten auch als Zierpflanze angepflanzt.

Gebirgige Gras- und Buschlandschaften kommen in großer Höhe vor, wo die Temperaturen niedrig und der Niederschlag gering sind. Die Vegetation besteht vor allem aus Gräsern und Sträuchern, aber auch aus Pflanzen mit einzigartigen Merkmalen wie Behaarung, wachsartigen oder spiralförmig angeordneten Blättern.

Einige dieser Regionen sind ziemlich isoliert, wodurch endemische Arten entstehen können.

Asien
Nepal

BERGWIESEN IM OSTHIMALAJA

Vorherige Seite:

SCHNEELEOPARD

Trotz seines Namens ist der Schneeleopard enger mit den Tigern verwandt als mit den Leoparden. Sein geflecktes dickes Fell hält die Kälte ab und dient in der felsigen Landschaft zur Tarnung. Außerhalb der Paarungszeit ist der Schneeleopard ein scheuer Einzelgänger.

MALAIENADLER

Der Malaienadler ist ein mittelgroßer Greifvogel und hat eine Flügelspannweite von rund zwei Metern. Er gleitet langsam durch die Luft und sucht dabei aufmerksam nach seiner Beute, bevor er sie sehr schnell ergreift.

BAUMRHODODENDRON

Dieser Rhododendron ist ein großer immergrüner Busch, der meist bis zu zwölf Meter hoch wird und rote, rosafarbene oder weiße glockenförmige Blüten hat. Der baumartige Rhododendron ist die Nationalblume Nepals.

HIMALAJA-TAHR

Der Himalaja-Tahr lebt an hochgelegenen Abhängen und frisst Gräser. Im Winter zieht er auf niedrigere Hügel. Sein dickes Fell ist perfekt an die kalten Temperaturen angepasst. Aufgrund von Lebensraumverlust und Bejagung gibt es immer weniger Himalaja-Tahre.

TIBET-SCHEINMOHN

Der Tibet-Scheinmohn ist eine prächtige blaue Blume mit gelben Staubbeuteln, behaarten Stielen und Blättern. Er wird etwa einen Meter hoch und ist die Nationalblume von Bhutan.

CHINESISCHER SCHMUCK-ENZIAN

Der Chinesische Schmuck-Enzian ist eine Blütenpflanze mit trompetenförmigen Einzelblüten. Sie sind blau und haben auffällige weiße Streifen. Dieser Enzian wird bis zu 15 Zentimeter groß und kommt in freier Natur in Höhen von bis zu 5 000 Metern vor.

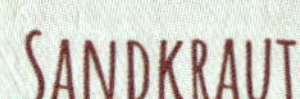

SANDKRAUT

Diese Sandkrautart kommt auf Höhen über 6 000 Metern vor, höher als jede andere Pflanze. Die Einzelblüten sind klein und weiß.

HIMALAJA-MURMELTIER

Das tagaktive Himalaja-Murmeltier ist ein geselliges Säugetier, das in Kolonien in Erdhöhlen lebt. Im Winter halten die Murmeltiere Winterschlaf. Für diese Ruhezeit graben sie noch tiefere Erdhöhlen, die sie mit anderen Mitgliedern ihrer Kolonie teilen.

GRAUER GORAL

Der Graue Goral, der vor allem auf Klippen, aber auch in Höhlen lebt, ist am frühen Morgen und am späten Abend aktiv. Wegen seines graubraunen Fells ist der Graue Goral in der felsigen Landschaft sehr gut getarnt.

Himalaja-Königshuhn

Das Himalaja-Königshuhn lebt in kleinen Gruppen in sehr großen Höhen bis zu 5 000 Metern. Es ernährt sich unter anderem von Gräsern, Samen und Beeren. Wie andere Fasane nistet es auf dem Boden.

Blauschaf

Trotz seines Namens ist das Tier mit Hörnern aus der Gruppe der Ziegenartigen weder blau noch ein Schaf. Mit seinem graubraunen Fell, das für die Tarnung auf den Klippen ideal ist, ist das Blauschaf körperlich den Ziegen näher als den Schafen. Es wird auch Bharal genannt und ist die Lieblingsbeute vieler Raubtiere im Himalaja.

Tibetischer Rhabarber

Der Tibetische Rhabarber wächst in großen Höhen, wo Pflanzen nur selten vorkommen. Er wird bis zu zwei Meter hoch und ist ein Wunder der Anpassung. Diese Riesenpflanze hat in Spiralen angeordnete durchscheinende Blütenblätter, die wie ein Gewächshaus wirken und die Pflanze gegen Kälte, Wind und Strahlung schützen. Sie bewirken für die kleinen grünen Blüten und Früchte in der Pflanze einen Treibhauseffekt.

Rotbrust-Buschwachtel

Die Rotbrust-Buschwachtel ist ein am Boden lebender Vogel aus der Familie der Fasane. Sie hat eine rotbraune Brust, einen grauen Bauch, einen weißen Kragen und einen rötlich-braun-orangefarbenen Kopf.

Himalaja-Glanzfasan

Der Himalaja-Glanzfasan gehört zur Familie der Fasane. Er ist ein großer Vogel, der aufgrund seiner bemerkenswerten Färbung auffällt. Die Männchen sind mit türkisfarbenen, königsblauen, grünen, roten und schwarzen Federn unverwechselbar. Der Himalaja-Glanzfasan kann zwar fliegen, bewegt sich aber meist laufend fort. Er ist der Nationalvogel Nepals.

Berglemming

Der Berglemming ist eine kleine Nagetierart, die nur in einigen Teilen Skandinaviens vorkommt. Im Winter leben die Berglemminge in Erdhöhlen unter dem Schnee, aber sie halten keinen Winterschlaf. Sobald im Sommer den ganzen Tag die Sonne scheint, ist der Berglemming sowohl tagsüber als auch nachts aktiv.

Kanada

Arktisches Wollgras

Arktisches Wollgras ist leicht in der arktischen Tundra zu finden. Trotz seines Namens sind seine weißen plüschähnlichen Büschel keine Wolle, sondern Fäden, die an den Früchten hängen. Sie werden bis heute für die Herstellung von Kerzendochten und Papier verwendet. Die Samen und Stängel der Pflanze sind essbar und werden von der einheimischen Bevölkerung gegessen.

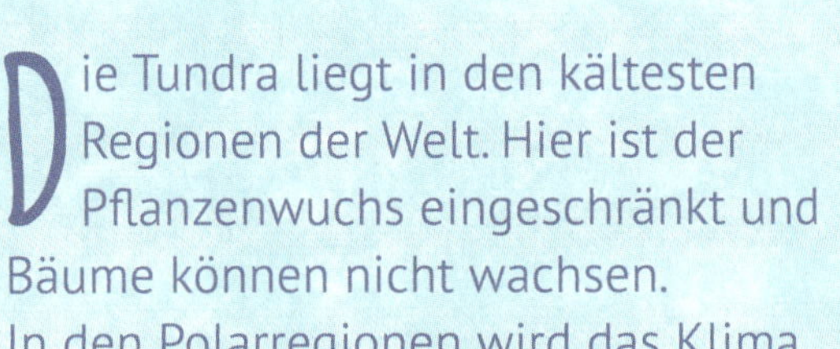

Die Tundra liegt in den kältesten Regionen der Welt. Hier ist der Pflanzenwuchs eingeschränkt und Bäume können nicht wachsen. In den Polarregionen wird das Klima durch extrem kalte Temperaturen und lange, trockene Winter bestimmt.

Um in dieser eisigen Region zu überleben, halten viele Tiere Winterschlaf. Im späten Frühling und im Sommer sind einige Blumenarten zu sehen.

Rundblättriger Sonnentau

Der Sonnentau ist eine insektenfressende Pflanze, die in feuchten Gebieten mit saurem und nährstoffarmem Boden wächst. Diese Art kommt nur auf der Nordhalbkugel vor. Auf ihren Blättern locken rote Haare mit klebrigen tauähnlichen Tentakeln Insekten in die Falle. Dann rollt die Pflanze ihr Blatt ein und verdaut das Insekt. Danach öffnet sich der Sonnentau wieder und lässt den unverdaulichen Rest des Insekts herausfallen.

11 TUNDRA

POLARHASE

Der Polarhase ist gut an die gefrorene Umgebung in Kanada und Grönland angepasst. Seine Ohren sind kürzer als die anderer Hasenarten, wodurch weniger Körperwärme verloren geht. Im Winter wird sein Fell dicker und seine weiße Färbung ist im Schnee eine gute Tarnung. Der Polarhase ist auch ziemlich schnell. Er erreicht Geschwindigkeiten von bis zu 65 Kilometern pro Stunde.

PAPAGEITAUCHER

Wegen seines vielfarbigen Schnabels und der einzigartigen Augen wird der Papageitaucher oft Seeclown oder Seepapagei genannt. Doch sein schwarz-weißer Körper erinnert mehr an einen Pinguin. Papageitaucher sind sehr neugierig. Daher sind sie leichte Beute für viele Tiere. Sie verbringen ihr Leben überwiegend im Meer. Während der Brutzeit findet man Papageitaucher jedoch an Meeresküsten in Nordeuropa, Nordkanada und Grönland.

KAISERPINGUIN

Der Kaiserpinguin ist an die äußerst kalten Bedingungen in der Antarktis angepasst. Er ist aufgrund seines Fettspeichers und mehrerer Schichten von Federn gut vor Kälte geschützt. Der größte Pinguin der Welt brütet auf dem Eis, kann tief tauchen und mehrere Minuten unter Wasser bleiben. Außerdem kann er vereiste Klippen hinaufklettern.

NORDAMERIKA
KANADA

Vorherige Seite:

Elch

Der Elch ist die größte Hirschart weltweit. Sein riesiges Geweih ist bis zu zwei Meter breit, und er kommt von Nordamerika bis zum fernen Osten Sibiriens vor. Elche sind überwiegend einzelgängerische Tiere, die meistens im selben Gebiet leben. Einige Populationen wandern jedoch auf der Nahrungssuche. Trotz ihrer Größe sind Elche gute Schwimmer.

Gerfalke

Der Gerfalke ist mit einer Länge von etwa 60 Zentimetern und 1,20 Metern Flügelspannweite die größte Falkenart der Welt. Seine Farbe kann zwischen weiß und dunkelgrau variieren. Im Mittelalter war der Gerfalke sehr geschätzt, da er als königlicher Vogel galt.

Mackenzie-Wolf

Der Mackenzie-Wolf ist eine der größten Unterarten des Wolfes. Er kommt unter anderem in Alaska und Kanada vor. Wie andere Wölfe auch, lebt der Mackenzie-Wolf in Familiengruppen, sogenannten Rudeln. Diese bestehen meist aus einem Elternpaar und ihren Nachkommen. Ältere Wolfsgeschwister helfen bei der Aufzucht der Welpen.

Ostamerikanische Lärche

Die Ostamerikanische Lärche ist eine besondere Lärchenart, die im Herbst ihre Nadeln verliert, nachdem sie goldgelb geworden sind. Dieser mittelgroße Kiefernbaum wird als Zierbaum gezüchtet. Das Holz wird von der indigenen Bevölkerung zur Herstellung von Schneeschuhen verwendet.

Moschusochse

Der Moschusochse ist gut an niedrige Temperaturen angepasst, denn er hat kurze Beine und ist ganz und gar mit einem dicken, langen Fell bedeckt. Dieses riesige Säugetier ist gesellig und lebt in Herden, die im Winter aus mehr als 60 Tieren bestehen können. In der letzten Eiszeit gab es sehr viele Moschusochsen in Europa.

Polarfuchs

Im Winter hat der Polarfuchs, der auch Schneefuchs genannt wird, ein weißes Fell, das eine gute Tarnung im Schnee bietet. In der Kälte dient sein langer Schwanz als wärmende Bedeckung. Im Sommer wird das Fell hellbraun. Polarfüchse halten keinen Winterschlaf. Sie bauen große Fuchsbaue für ihre Familien, die sehr selten sogar bis zu 100 Eingänge haben können.

Schnee-Eule

Die Schnee-Eule, die gut im Schnee getarnt ist, ist ein Greifvogel mit einem außergewöhnlichen weißen Gefieder. Weibliche Eulen haben einige braune Federn. Im Gegensatz zu anderen Eulenarten ist die Schnee-Eule nicht nur nachtaktiv.

Karibu

Obwohl das Karibu keinen langen Pelz hat, ist sein Fell ein guter Schutz gegen die kalten Temperaturen. Im Gegensatz zu anderen Hirscharten haben sowohl die männlichen als auch die weiblichen Karibus ein Geweih. Im Frühling und im Herbst legen sie große Distanzen zurück, mehr als jedes andere landbewohnende Tier.

Arktisches Tiefland

Arktischer Ziesel

Arktische Ziesel leben in Kolonien in Erdhöhlen, wo sie sieben bis neun Monate im Jahr Winterschlaf halten, wenn die Temperaturen sehr niedrig sind. Um seine Familienmitglieder vor Fressfeinden zu warnen, verwendet der Arktische Ziesel Warnrufe.

Eisbär

Obwohl Eisbären an Land leben, sind sie auf das eisige Meer angewiesen, um zu überleben. Auf dem Packeis finden sie Nahrung und pflanzen sich fort. Sie sind hervorragende Schwimmer, jagen Robben aber auf dem Eis. Diese liefern ihnen viel Fett und Energie. Zwar sehen Eisbären weiß aus, aber tatsächlich ist ihr dicker Pelz durchsichtig und bedeckt ihre schwarze Haut.

Echte Bärentraube

Die Echte Bärentraube ist ein immergrüner Strauch mit roten Beeren, die von Bären und anderen Tieren gern gefressen werden. Die kleinen Blüten variieren von rosa bis weiß. Die Blätter werden im Herbst rot.

12 Mediterrane Wälder, Waldflächen und Buschland

Europäischer Bienenfresser

Trotz seines Namens kommt der Europäische Bienenfresser auch in Afrika und in einigen asiatischen Ländern vor und ernährt sich nicht nur von Bienen. Diese bunten Vögel sind Zugvögel und tagaktiv. Der Europäische Bienenfresser lebt vorwiegend in Kolonien und kommuniziert mit anderen Bienenfressern durch verschiedene Rufe.

Marokko

Die größte Pflanzenvielfalt der Welt kommt nicht in den tropischen Wäldern vor, sondern in den mediterranen Wäldern, Waldflächen und im mediterranen Buschland. Das sogenannte Fynbos-Biom am südafrikanischen Westkap gilt mit über 9 000 Arten botanisch gesehen als reichste Flora auf der Erde.

Die mediterranen Wälder und Waldflächen und das mediterrane Buschland werden durch heiße und trockene Sommer und milde, feuchte Winter bestimmt. Sie kommen im Mittelmeerraum in Südeuropa, in Südafrika, Südaustralien, Zentralchile und in Kalifornien (USA) vor.

Olivenbaum

Der Olivenbaum versorgt die Menschen seit Jahrtausenden mit seinen Früchten, seinem Öl und seinem Holz. Er ist Teil der Geschichte, Kultur und Tradition der europäischen Mittelmeerküste. Der Baum kann Dürre und sogar Feuer überstehen und bis zu 2 000 Jahre alt werden.

Peruanische Inkalilie

Die Peruanische Inkalilie ist im chilenischen Matorral und in einigen Gebieten Perus endemisch. Ihre große Blüte ist sehr dekorativ, rosafarben und lila.

Kurzschwanzkänguru

Dieses Beuteltier kommt vor allem auf Rottnest Island, einer vorgelagerten Insel Südwestaustraliens vor. Einige Populationen jedoch bewohnen Flussufer und Eukalyptuswälder auf dem australischen Festland. Obwohl es wie andere Kängurus hüpft, kann es auch auf Bäume klettern.

Königs-Protea

Die Königs-Protea, die Nationalblume Südafrikas, ist eine auffällige große Blütenpflanze, deren Familie als eine der ältesten Blütenpflanzenfamilien auf der Erde gilt. Sie ist an die trockene Umgebung gut angepasst und kann sogar Flächenbrände überleben, da der dicke Stängel unter der Erde bleibt und so neue Knospen schützt.

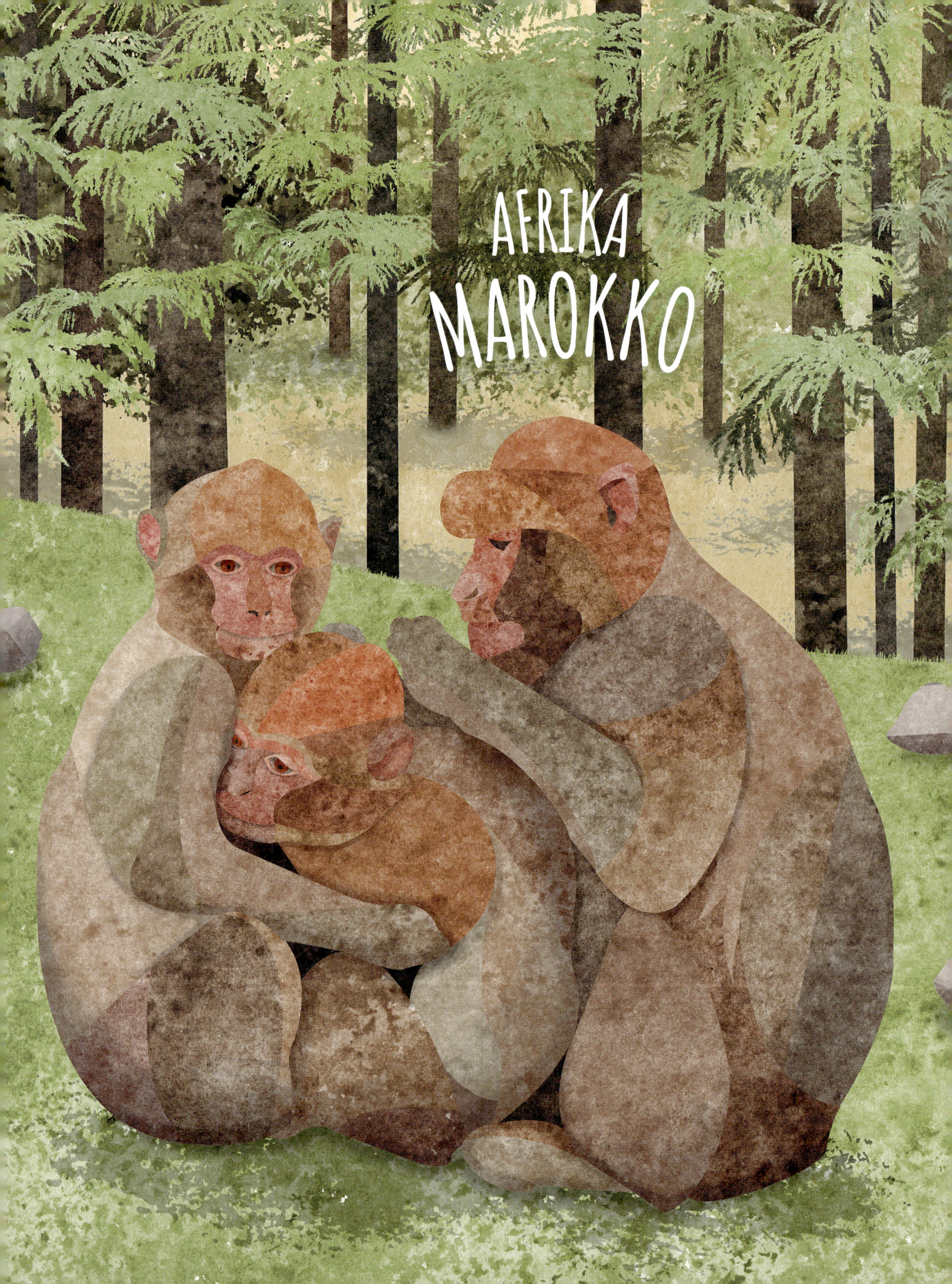
AFRIKA
MAROKKO

Mediterraner Wald

Vorherige Seite:

Berberaffe

Der Berberaffe, der auch Magot genannt wird, ist die einzige Makakenart in Afrika. Berberaffen leben vor allem in Zedernwäldern. Aufgrund der Zerstörung ihres Lebensraums sinkt ihre Population dramatisch. Sie leben in Gruppen, die von einem Weibchen angeführt werden. Die Jungtiere werden auch von den Männchen aufgezogen.

Ginsterkatze

Obwohl die Ginsterkatze wie eine Katze aussieht, gehört sie zur Familie der Schleichkatzen, die Katzenartige sind. Die nachtaktiven Einzelgänger können sehr gut klettern und leben vor allem auf Bäumen. Durch ihr geflecktes graues Fell können sie sich gut an ihre Beute heranschleichen.

Maurische Landschildkröte

Die Maurische Landschildkröte ist eine lang lebende Schildkrötenart, die bis zu 100 Jahre alt werden kann. Wie andere Reptilien ist die Maurische Landschildkröte nicht in der Lage, ihre Temperatur stabil zu halten. Sie braucht warmes Sonnenlicht, um sich aufzuwärmen. Im Winter, wenn die Temperatur sinkt, fällt die Maurische Landschildkröte in Winterstarre.

Kabylenkleiber

Der Kabylenkleiber ist ein mittelgroßer Sperlingsvogel, der nur im Nordosten Algeriens vorkommt. In der Brutzeit bleibt er in seinem Revier und baut sein Nest in Baumhöhlen hoch über dem Boden.

Mähnenspringer

Der Mähnenspringer, der auch Aoudad genannt wird und unter anderem im Atlasgebirge in Nordafrika vorkommt, ist ein großes braunes Tier aus der Familie der Ziegenartigen. Der Mähnenspringer ist in der Dämmerung aktiv.
Er ist gut an die felsige Landschaft angepasst und kann wochenlang ohne Wasser auskommen.

Französischer Lavendel

In Europa ist der Französische Lavendel wahrscheinlich die Blume mit dem beliebtesten Duft. Er ist ein immergrüner Busch, der im Mittelmeerraum beheimatet ist. Aus seinen Blüten wird ein Aromaöl gewonnen, das zur Parfümherstellung verwendet wird. Die Blätter sind ebenfalls aromatisch, werden aber eher zum Kochen verwendet. Lavendel gehört zur gleichen Pflanzenfamilie wie Minze und Rosmarin.

Wildschwein

Das Wildschwein, das auch Schwarzwild genannt wird, ist ein nachtaktives Säugetier. Eine Wildschwein-Unterart kommt in Nordafrika vor. Wildschweine wurden schon vor Tausenden von Jahren domestiziert und sind die Urform des Hausschweins. Wegen seiner großen Anpassungsfähigkeit kommt das Wildschwein in verschiedenen Lebensräumen vor. Wildschweine können schlecht sehen, haben aber einen ausgezeichneten Geruchssinn.

Gliederzypresse

Die Gliederzypresse ist ein 15 Meter hoher Nadelbaum, der in den Bergregionen von Nordafrika beheimatet ist. Der immergrüne Baum kann an Felsabhängen oder in Felsspalten wachsen, dann wird er aber nicht mehr als fünf Meter hoch. Die Blätter, das Harz und das Holz werden in der traditionellen Medizin verwendet.

Buntspecht

Der Buntspecht ist ein mittelgroßer Specht, der sowohl in Nordafrika als auch in Eurasien beheimatet ist. Sein Körper ist schwarz-weiß und die Männchen haben einen roten Fleck auf ihrem Genick und ihrer Schwanzunterseite. Wie bei anderen Spechten sitzt das Gehirn des Buntspechts sehr fest im Schädel. Die Erschütterungen beim Zimmern ihrer Höhlen können es deshalb nicht umherwerfen und es nimmt keinen Schaden.

Berberleopard

Der in freier Wildbahn fast ausgestorbene Berberleopard ist ein afrikanischer Leopard, der nur in einem kleinen Gebiet im Atlasgebirge in Marokko vorkommt. Wie andere Leoparden lebt er meist als Einzelgänger. Männchen und Weibchen treffen sich nur zur Paarung.

Vielblütige Heide

Die Vielblütige Heide ist ein immergrüner Strauch mit dichten Blütenständen. Die glockenförmigen dünnen Blüten sind leuchtend rosa. Die Vielblütige Heide ist ein beliebter Zierstrauch für Steingärten.

Atlashörnchen

Die Atlashörnchen, die unter anderem in Nordafrika beheimatet sind, sind kleine Nagetiere mit braunem Fell mit weißen Streifen. Sie sind tagaktiv und leben in Familiengruppen in Erdhöhlen. Sie kommunizieren durch Laute. Ihr Gehör und ihr Sehsinn sind gut entwickelt.

Karakal

Der Karakal, der auffällig lange Ohren hat, ist eine mittelgroße Wildkatze mit braunem Fell, das ihm dazu dient, sich in der felsigen Landschaft zu verstecken. Obwohl der Karakal überwiegend nachtaktiv ist, ist er manchmal auch tagsüber unterwegs, um zu jagen. Er ist beweglich und schnell, kann gut klettern und bis zu drei Meter hoch springen.

Dieses Biom, für das extreme Temperaturen und seltene Niederschläge typisch sind, kommt auf fast allen Kontinenten vor. Die ausgeprägtesten Wüsten liegen in Chile, in Afrika und in Australien.

Obwohl das Wasser knapp ist, haben einige Regionen eine reiche Pflanzenwelt. Die Pflanzen in diesem Lebensraum sind gut an das Sammeln und Speichern von Wasser angepasst. Die wenigen Tiere, die unter solchen Bedingungen leben können, sind ebenfalls körperlich an diese Umgebung angepasst.

Chilenische Glockenwinde

Die Chilenische Glockenwinde, die in einem der trockensten Gebiete der Erde beheimatet ist, ist eine Sukkulente mit leuchtenden blauen Blüten. Die Blume kann lange Dürreperioden überleben: Die Samen ruhen, bis es schließlich regnet. In der Atacama-Wüste blühen die Blumen nur alle fünf bis sieben Jahre.

Fennek

Der kleinste Wildhund der Welt hat überproportional große Ohren, die der Wärmeregulation in der Hitze der Sahara dienen. Der Fennek ist aufgrund seiner Fähigkeit, Wasser aus Pflanzen zu gewinnen und so nicht nach Wasserstellen suchen zu müssen, gut an seinen Lebensraum angepasst. Sein beigefarben-braunes Fell dient dem Fuchs zur Tarnung im Sand.

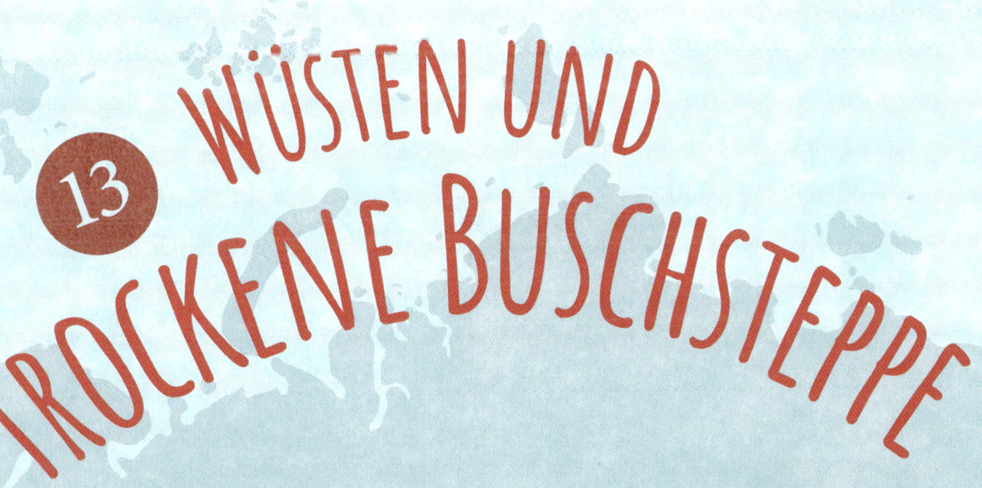

13 Wüsten und trockene Buschsteppe

Zweihöckriges Kamel

Das Zweihöckrige Kamel, das in den Wüsten in China und der Mongolei weitverbreitet ist, weist einige körperliche Anpassungen an diesen Lebensraum auf. Das sind große und flache Füße, um im Sand zu laufen, sehr lange Augenwimpern, um Sand und Staub abzuhalten, und ein dickes Fell, das im Winter Schutz bietet und im Sommer abfällt. Seine beiden Höcker speichern Fett, das bei Bedarf in Energie umgewandelt wird. So kann das Kamel lange Zeiträume ohne Wasser überstehen.

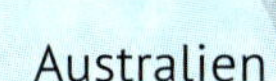

Erdmännchen

Erdmännchen sind kleine Säugetiere aus der Familie der Mangusten und im südlichen Afrika beheimatet. Sie sind sehr gesellig und leben in Gruppen in Erdhöhlen, die sie vor Fressfeinden und Hitze schützen. Obwohl die Tiere tagaktiv sind, vermeiden sie es, nach draußen zu gehen, wenn es regnet oder zu heiß ist.

Drachenblutbaum

Der auffällige Drachenblutbaum, der auf einer Insel im Arabischen Meer, die zum Jemen gehört, beheimatet ist, hat seinen Namen von dem roten Harz, das er erzeugt. Es wird sowohl als Farbstoff verwendet als auch als Heilmittel. Die ungewöhnliche schirmähnliche Form des Drachenblutbaums bietet vielen Tieren Schatten. Er ist an die trockene Umgebung angepasst und kann Wasser aus der Luft gewinnen.

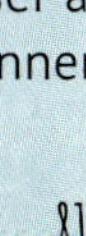

OZEANIEN
AUSTRALIEN

Vorherige Seite:

Rotes Riesenkänguru

Das größte Beuteltier der Welt hat kräftige Beine, die es ihm ermöglichen, sich sehr schnell zu bewegen und sehr hoch zu springen. Der gut entwickelte Geruchssinn lässt das Känguru an den trockensten Orten Wasser aufspüren. Wie die meisten Beuteltiere hat es einen Beutel, in dem die Jungtiere getragen werden. In der Paarungszeit kämpfen die Männchen um die Weibchen.

Mulga

Der Mulga ist ein langlebiger Baum aus der Familie der Akazien. Er dominiert die trockene Landschaft und kann bis zu zehn Meter hoch werden. Unter trockenen Bedingungen erreicht er jedoch nur eine Höhe von drei Metern. Der Baum ist gut an die Dürre angepasst, da er Wasser in seinen Wurzeln speichern kann. Seine Blätter und Samen haben eine heilende Wirkung und dienen den Aborigines als Nahrung.

Riesenwaran

Der Riesenwaran, der über zweieinhalb Meter lang wird, ist die größte Echse Australiens. Er hat einen langen Hals, eine gespaltene Zunge wie eine Schlange, kräftige Gliedmaßen und einen mächtigen Schwanz. Während der kältesten Tage hält er in Erdhöhlen Winterschlaf. Bei Bedrohung bläht er seinen Hals auf, um Feinde abzuschrecken.

Australische Wüstenerbse

Die Australische Wüstenerbse ist eine einzigartige Wildblume. Ihre ungewöhnlich aufrecht stehenden Blüten sind tiefrot und haben eine schwarze Mitte. Sie wachsen horizontal oder aufstrebend. Die Samen werden von den Aborigines gegessen. Die Blume ist die Wappenblume Südaustraliens.

Silberfalke

Der Silberfalke ist einer der seltensten Falken der Welt. Er ist ein rauchgrauer Greifvogel, der auch in der australischen Wüste vorkommt. Seine Hauptbeutetiere sind andere Vögel, aber auch kleine Säugetiere und Reptilien. Der Silberfalke jagt in schnellem und niedrigem Flug.

Großer Wüstenskink

Der Große Wüstenskink ist eine große Echse, deren Hautfarbe dem Wüstensand ähnelt. Diese Echsen bewohnen Sandebenen in der Nähe von Spinifex-Pflanzen sowie verästelten Erdhöhlen, die sie gemeinsam bauen.

Großer Kaninchennasenbeutler

Dieses nachtaktive Beuteltier mit hasenähnlichen Ohren kann hervorragend graben. Die langen Ohren helfen ihm, die Hitze seines Körpers abzugeben. Früher war der Große Kaninchennasenbeutler in Australien weitverbreitet. Aufgrund von Bejagung, der Zerstörung seines Lebensraums und der Verdrängung durch eingeschleppte Arten wird er mittlerweile als gefährdet eingestuft.

Große Sandwüste & Tanamiwüste

Vielfarbensittich

Der Vielfarbensittich ist ein mittelgroßer Papagei, der in trockenen Gebieten Australiens lebt. Die Männchen sind farbenprächtig, in glänzendem Grün, Gelb, Rot und Blauviolett. Vielfarbensittiche sind monogam und leben paarweise oder in kleinen Gruppen. Aufgrund der Hitze ist der Vielfarbensittich in der Dämmerung aktiv. Den Rest des Tages verbringt er in Baumkronen.

Australischer Dingo

Der Dingo ist das größte Raubtier in Australien und ein verwilderter Haushund: Früher wurde der Dingo von Menschen als Haustier gehalten, aber schon seit einigen Tausend Jahren lebt er wild in Australien. Mit dem Rotfuchs, der in Australien als eingeschleppte Art gilt, konkurriert er um Nahrungsquellen.

Zottel-Hasenkänguru

Das auch als Mala bekannte Zottel-Hasenkänguru gräbt Erdhöhlen, um einen kühlen Zufluchtsort vor Hitze zu haben. Aufgrund der Zerstörung seines Lebensraums und seiner Fressfeinde wie dem Fuchs ist das Zottel-Hasenkänguru in freier Wildbahn beinahe ausgestorben.

Stachelkopfgräser

Die Stachelkopfgräser, die die trockene Landschaft im Binnenland Australiens dominieren, sind zwei Meter hohe Horstgräser, zwischen denen viele kleine Säugetiere und Reptilien leben.
Die Stachelkopfgräser, die gut an die trockene Umgebung angepasst sind, sind gegenüber Feuer sehr widerstandsfähig. Obwohl sie oft Spinifex genannt werden, gehören sie nicht zur Gattung Spinifex, sondern zur Gattung Triodia.

Dornteufel

Die langen Dornen auf dem Körper dieser Echse haben dem Dornteufel seinen Namen gegeben. Sein Körper ist mit dicken Schilden und Dornen bedeckt, die dem Dornteufel helfen, sich vor Feinden zu verstecken. Dieser dornige Panzer dient aber nicht nur der Tarnung. Die Oberfläche der Schuppen ist von winzigen Rillen bedeckt, die Tau und Regenwasser zum Maul leiten.

14 MANGROVEN

Mangrovenwälder kommen an Küstenlinien in einigen tropischen und subtropischen Regionen wie Südasien vor. Die Pflanzen sind an das Leben in salzhaltigem Wasser oder in sumpfigen Böden angepasst. Ihre Wurzeln sind in der Lage, Salzwasser zu filtern und Sauerstoff aus der Luft aufzunehmen.

Die Biodiversität in den Mangroven ist groß. Verschiedene endemische Vögel und Säugetiere sind von diesem Ökosystem abhängig. Auch die Meeresökosysteme hängen vom Mangrovenwald ab, da sie von ihm wichtige Nährstoffe erhalten und Wassertiere sich dort vermehren.

Rote Mangrove

Die Rote Mangrove ist ein salztoleranter Baum, der in vielen tropischen und subtropischen Gebieten der Welt vorkommt. Häufig wächst er in Nord- und Südamerika. Seine einzigartigen, starken Stelzwurzeln dienen unter anderem der Aufnahme von Sauerstoff. Bei tropischen Stürmen und hohen Wellen fungieren sie als Küstenschutz. Die Rote Mangrove beherbergt auch verschiedene Tiere, die in ihrem Wurzelsystem Schutz finden.

Scharlachsichler

Der Scharlachsichler wird mit braunen Federn geboren. Aufgrund seiner Ernährung, die zum Großteil aus roten Krustentieren besteht, die reich an dem Naturfarbstoff Karotin sind, färbt er sich allmählich tiefrot. Mit seinen langen Beinen ist er in der Lage, sich in den Mangroven zu bewegen, ohne zu versinken. Mit seinem langen empfindlichen Schnabel kann er kleine Tiere im Sumpf finden. Der Scharlachsichler, der Nationalvogel von Trinidad und Tobago, ist im nördlichen Südamerika beheimatet.

Diademmeerkatze

Die Diademmeerkatze wird im Englischen aufgrund ihrer bläulichen Gesichtsfarbe auch *blue monkey* genannt. Auf Deutsch bedeutet das blauer Affe. Sie kommt in vielen Gegenden in Afrika vor und lebt in Gruppen hauptsächlich in Baumkronen. Wie andere Primatenarten kommunizieren Diademmeerkatzen durch Laute, Gesichtsausdruck und Körperhaltung.

Nasenaffe

Der Nasenaffe, der nur auf Borneo vorkommt, ist gut an die feuchte Umgebung angepasst. Obwohl Nasenaffen überwiegend auf Bäumen leben, sind sie auch oft im Wasser zu sehen. Ihre Hände und Füße haben Schwimmhäute, die ihnen beim Schwimmen helfen. Durch die auffallend große herabhängende Nase sind ihre Rufe lauter. So locken die Männchen die Weibchen an.

Indien

Tillandsia stricta

Tillandsien gehören zur Pflanzenfamilie der Bromelien. *Tillandsia stricta* ist unter anderem in den Mangroven Südamerikas beheimatet. Obwohl sie dort von Wasser umgeben ist, braucht sie nur wenig Wasser. Meist lebt sie epiphytisch. Das bedeutet, dass sie auf anderen Pflanzen wächst. Ihre leuchtend rosafarbenen Blüten locken Bestäuber wie Kolibris an.

Fischgiftbaum

Der Fischgiftbaum, der am Indischen und am Pazifischen Ozean beheimatet ist, ist ein mittelgroßer Baum mit großen Blättern und weißen duftenden Blüten. Die Blüten öffnen sich in der Nacht und locken Insekten und Fledermäuse an. Alle Bestandteile des Baums sind giftig. Die Samen werden von Fischern verwendet, um Fische in Süßwasserflüssen zu betäuben und sie so zu fangen.

Westatlantische Landkrabbe

Die Westatlantische Landkrabbe ist ein Krustentier mit einem blauen Panzer, das halb an Land und halb im Wasser lebt. Sie kommt entlang der Küsten vom Golf von Mexiko bis nach Südbrasilien vor. Das einzelgängerische Tier ist dämmerungsaktiv und lebt in Erdhöhlen im Sumpf der Mangroven. Um sich zu orientieren, nutzt die Westatlantische Landkrabbe Licht und Geräusche. Außerdem kann sie schon kleinste Vibrationen wahrnehmen.

ASIEN
INDIEN

Vorherige Seite:

Königstiger

Der Königstiger ist das zweitgrößte Tier aus der Familie der Katzen. Er ist ein ausgezeichneter Schwimmer und kann außerdem sehr geschickt klettern.

Sundari-Baum

Der Sundari-Baum ist der vorherrschende Mangrovenbaum in Indien. Er wird bis zu 25 Meter hoch und hat glockenförmige Blüten. Die Baumrinde hat eine heilende Wirkung und das Holz wird in der Baubranche verwendet. Aufgrund der Zerstörung des Lebensraums ist der Baum nun stark gefährdet.

Indischer Fischotter

Obwohl dieses teilweise im Wasser lebende Säugetier an Land leben kann, zieht es eine Umgebung mit viel Wasser und einer Pflanzenwelt vor, in der es schwimmen, jagen und sich verstecken kann. Der Indische Fischotter hat ein besonderes wasserundurchlässiges Fell. Es verhindert, dass er nass wird, und es hält seinen Körper warm.

Bindenwaran

Die zweitgrößte Echse der Welt ist ein teils im Wasser, teils an Land lebendes Reptil. Diese Art hat einen kräftigen Körper und kann drei Meter lang werden. Trotz seiner Größe ist der Bindenwaran in der Lage, bei einer Bedrohung auf einen Baum zu klettern. Er ist ein Fleischfresser und ernährt sich auch von Aas und Abfällen.

Schwarze Mangrove

Die Schwarze Mangrove ist ein Baum mit rötlichen Blüten, der an das Wachstum in salzhaltigem Wasser und im Sumpf angepasst ist. Unter der Wasseroberfläche nimmt die Pflanze Sauerstoff durch wurzelähnliche Strukturen auf, die in den Boden wachsen.

Fischkatze

Wie andere Katzen, die nah am Wasser leben, hat auch die Fischkatze Schwimmhäute an den Pfoten. Sie erleichtern ihr das Schwimmen. Durch ihr graues Fell mit dunklen Flecken ist die Fischkatze in ihrer Umgebung gut getarnt. So ist es ihr ein Leichtes, sich an ihre Beute anzuschleichen.

Axishirsch

Der Axishirsch, der auch Chital genannt wird, ist ein mittelgroßer Hirsch mit einem rötlichen Fell, das mit den typischen weißen Punkten und einem horizontalen weißen Streifen bedeckt ist. Die Männchen sind größer als die Weibchen und haben ein Geweih. Axishirsche leben in Herden.

DIE SUNDARBANS-MANGROVENWÄLDER

GANGESGAVIAL

Der Gangesgavial ist ein großes Krokodil mit einem urgeschichtlichen Aussehen. Es ist an den Lebensraum Wasser angepasst und hat eine ungewöhnlich lange und schmale Schnauze, um Fische zu fangen. Seine Schnauze enthält mehr als 100 Zähne und hat auch Zellen, die Bewegungen im Wasser wahrnehmen.

BRAUNFLÜGELLIEST

Der Braunflügelliest ist ein mittelgroßer Vogel mit einem großen gelb-goldenen Kopf und einem langen Schnabel. Wie der Name schon vermuten lässt, sind die Flügel braun. Sie haben aber auch einige blaue Federn. Die lange und gerade Form des Schnabels ist eine Anpassung, um Fische zu fangen.

KAPPENLIEST

Der Kappenliest, der meistens nah am Wasser und vor allem in der Nähe von Mangrovenwäldern lebt, ist ein auffälliger Vogel mit leuchtend blauschwarzen Flügeln, einem großen schwarzen Kopf und einem langen Schnabel. Der Kappenliest ernährt sich nicht nur von Fischen, sondern auch von Insekten.

SONNERATIA-MANGROVE

Die Sonneratia-Mangrove ist ein großer, schnell wachsender Mangrovenbaum. Er ist an eine feuchte Umgebung angepasst und hat große vertikale Wurzeln, die über dem Boden wachsen, um Zugang zum Sauerstoff in der Luft zu haben. Ihre Frucht wird von der lokalen Bevölkerung sehr geschätzt.

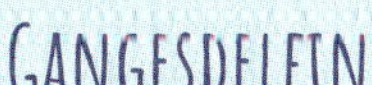

GANGESDELFIN

Der Gangesdelfin lebt ausschließlich im Süßwasser. Er ist ein Räuber und jagt seine Beute durch Echoortung, da er blind ist. Der Gangesdelfin ernährt sich von Fischen und Krustentieren. Im Gegensatz zum Gewöhnlichen Delfin lebt der Gangesdelfin überwiegend einzelgängerisch oder in kleinen Gruppen.

MASKENBINSENRALLE

Die Maskenbinsenralle, die meistens in Mangrovenwäldern, Sümpfen und Flüssen lebt, ist ein einzelgängerischer Wasservogel. Sie hat einen braunen Körper, einen langen Hals und eine auffällige schwarz-weiße Maske. Bei einer Bedrohung taucht die Maskenbinsenralle fast vollständig unter, und nur ihr Kopf bleibt über Wasser.

Schutzstatus

Viele Arten auf der Erde sind vom Aussterben bedroht. Für diese Bedrohung sind viele Faktoren verantwortlich. Alle werden heutzutage direkt oder indirekt vom Menschen verursacht, wie die Zerstörung und der Verlust des Lebensraums, der Klimawandel, Überjagung, Überfischung, Konkurrenz mit eingeschleppten Arten und Umweltverschmutzung.
Eine Liste mit der Bezeichnung „Rote Liste der Gefährdeten Arten" wurde von der Weltnaturschutzunion (IUCN) erstellt, um Informationen über den Zustand der weltweiten Biodiversität zu liefern und um Arten nach ihrem Aussterberisiko zu klassifizieren.

Die Arten werden in neun Kategorien unterteilt:
Nicht ausgewertet (NE), unzureichende Datengrundlage (DD), nicht gefährdet (LC), potenziell gefährdet (NT), gefährdet (VU), stark gefährdet (EN), vom Aussterben bedroht (CR), in der Natur ausgestorben (EW) und ausgestorben (EX).

Die Tiere und Pflanzen in diesem Buch werden hier mit ihrem wissenschaftlichen Namen und ihrem aktuellen Schutzstatus aufgeführt.

Biom	Trivialname	Wissenschaftl. Name	Rote Liste	Seite
2	Affenbrotbaum	*Adansonia madagascariensis*	LC	18
7	Afrikanischer Elefant	*Loxodonta africana*	EN	46
7	Afrikanischer Wildhund	*Lycaon pictus*	EN	49
9	Amazonas-Riesenseerose	*Victoria amazonica*	NE	61
8	Amerikanischer Bison	*Bison bison*	NT	50
3	Amerikanischer Schwarzbär	*Ursus americanus*	LC	25
8	Andenkondor	*Vultur gryphus*	VU	52
10	Anden-Lupine	*Lupinus mutabilis*	NE	63
8	Andenschakal	*Lycalopex culpaeus*	LC	53
11	Arktischer Ziesel	*Urocitellus parryii*	LC	73
6	Arktisches Weidenröschen	*Chamerion latifolium*	NE	39
11	Arktisches Wollgras	*Eriophorum callitrix*	LC	68
7	Asiatischer Elefant	*Elephas maximus*	EN	2
12	Atlashörnchen	*Atlantoxerus getulus*	LC	79
6	Auerhuhn	*Tetrao urogallus*	LC	42
13	Australische Wüstenerbse	*Swainsona formosa*	NE	84
14	Axishirsch	*Axis axis*	LC	90
4	Bambus	*Bambusa sp.*	NE	30
10	Baumrhododendron	*Rhododendron arboreum*	NE	64
12	Berberaffe	*Macaca sylvanus*	EN	76
12	Berberleopard	*Panthera pardus*	VU	79
11	Berglemming	*Lemmus lemmus*	LC	68
3	Bermuda-Palmettopalme	*Sabal bermudana*	EN	20
1	Bienenelfe	*Mellisuga helenae*	NT	8
14	Bindenwaran	*Varanus salvator*	LC	90
2	Blaukehl-Breitschnabelkolibri	*Cynanthus latirostris*	LC	14
10	Blauschaf	*Pseudois nayaur*	LC	67
1	Blaustirn-Blattvogel	*Chloropsis venusta*	NT	13
10	Blutbrustpavian	*Theropithecus gelada*	LC	63
1	Brasilianische Araukarie	*Araucaria angustifolia*	CR	5
2	Brasilianisches Dreibindengürteltier	*Tolypeutes tricinctus*	VU	15
14	Braunflügelliest	*Pelargopsis amauroptera*	NT	91
9	Braunkehl-Faultier	*Bradypus variegatus*	LC	61
8	Buchsblättrige Berberitze	*Berberis microphylla*	NE	55
12	Buntspecht	*Dendrocopos major*	LC	79
8	Chileflamingo	*Phoenicopterus chilensis*	NT	55
13	Chilenische Glockenwinde	*Nolana paradoxa*	NE	80
8	Chilenischer Feuerbusch	*Embothrium coccineum*	LC	55
10	Chinesischer Schmuck-Enzian	*Gentiana sino-ornata*	NE	66
4	Davidnachtigall	*Calliope pectardens*	NT	31
14	Diademmeerkatze	*Cercopithecus mitis*	LC	86
5	Dickhornschaf	*Ovis canadensis sierrae*	NE	35
13	Dingo	*Canis lupus dingo*	NE	85

Schwarzer Pfeffer

Der Schwarze Pfeffer, der als König der Gewürze bekannt ist, ist eine Kletterpflanze, deren getrocknete Früchte weltweit als Gewürz verwendet werden. Der Schwarze Pfeffer ist in Regenwäldern in Südwestindien heimisch. Er war in der Vergangenheit ein Symbol für Reichtum, da er in Europa sehr selten war und als Währung verwendet wurde. Da die Italiener das Vorrecht auf den Handel mit Pfeffer hatten, beschlossen die Portugiesen, einen neuen Seeweg nach Indien zu finden, von wo Pfeffer nach Europa gebracht wurde. Stattdessen gelangten sie ganz zufällig nach Amerika.

Teepflanze

Diese Pflanze ist die häufigste Pflanze weltweit, die zur Herstellung von Tee verwendet wird. Aus ihren Blättern werden viele Teesorten gemacht, wie grüner Tee oder schwarzer Tee. Die Teepflanze ist in tropischen und subtropischen Wäldern in Südostasien heimisch, aber sie wird seit Jahrhunderten auch in anderen Regionen gezüchtet.

Okapi

Auf den ersten Blick sieht das Okapi vielleicht wie ein Zebra aus, aber es ist tatsächlich ein Mitglied der Giraffenfamilie. Das Okapi, das auch als Waldgiraffe bekannt ist, bewohnt den dichten tropischen Regenwald der Demokratischen Republik Kongo in Westafrika. Lange Zeit war es bei den Naturwissenschaftlern unbekannt, da es sich von den Menschen fernhielt. Das Okapi hat wie die Giraffe eine lange schwarze Zunge, mit der es kleine Blätter erreichen kann.

Anpassung – Anpassung ist die Fähigkeit, sich an eine neue oder veränderte Umgebung anzupassen. Diese Veränderung kann sich auf die Physiologie, die Morphologie oder das Verhalten beziehen.

Art – Ein Tier oder eine Pflanze gehört einer bestimmten Art an. Die Tiere bzw. Pflanzen einer Art sind sich sehr ähnlich und können sich miteinander fortpflanzen. Die Blaumeise ist zum Beispiel eine Art.

Biodiversität – Biologische Vielfalt.

Blütenstand – Der Blütenstand ist eine Gruppe von Blüten, die am Blumenstängel angeordnet ist.

Domestiziert – Ein Tier oder eine Pflanze wird als domestiziert bezeichnet, wenn aus einem Wildtier bzw. einer wild wachsenden Pflanze über eine lange Zeit durch Züchtung ein Haustier bzw. eine Kulturpflanze hervorgegangen ist.

Echoortung – Technik, die von Tieren wie Fledermäusen, Delfinen, Walen und einigen Vögeln verwendet wird, um den Ort, an dem sich etwas befindet (meistens Nahrung), zu bestimmen und dabei das Echo (zurückgespiegelter Ton) zu nutzen.

Endemisch – Endemische Arten sind geografisch auf eine bestimmte Region oder ein bestimmtes Gebiet begrenzt.

Flora und Fauna – Pflanzen (Flora) und Tiere (Fauna) einer bestimmten Region.

Fressfeind – Tier, das ein anderes Tier frisst.

Gattung/Familie/Ordnung – Je nachdem, wie Tiere bzw. Pflanzen miteinander verwandt sind, werden sie in verschiedene Gruppen eingeteilt. Ein Beispiel: Die Blaumeise (Art) gehört zur Gattung *Cyanistes*, zur Familie der Meisen und zur Ordnung der Sperlingsvögel.

Immergrün – Pflanzen, die über den Winter grün bleiben und ihre Blätter im Herbst nicht verlieren.

Invasiv – Als invasiv werden Tier- und Pflanzenarten bezeichnet, die sich in einem neuen Gebiet etablieren und dort unerwünschte Auswirkungen auf die heimische Flora oder Fauna haben.

Karotin – Das Wort Karotin kommt vom lateinischen Wort *carota*, was Karotte bedeutet. Es ist ein orangefarbenes Pigment, das zum Beispiel in Gemüse und Früchten vorkommt und auch in Krustentieren.

Lebensraum – Lebensraum ist die Umgebung, in der eine Art lebt.

Monogam – Tiere, die ihr ganzes Leben mit demselben Partner leben.

Musteliden – Die Musteliden sind kleine fleischfressende Säugetiere, zu denen unter anderem Marder, Stinktiere, Wiesel, Dachse und Otter gehören.

Ökoregion – Eine Ökoregion ist ein spezieller Teil eines Bioms mit bestimmten Pflanzen und Wildtieren, die unter charakteristischen Umweltbedingungen leben.

Population – Als Population bezeichnet man alle Tiere einer Art, die in einer bestimmten Region leben.

Primaten – Eine Ordnung der Säugetiere; dazu gehören Lemuren, Loris, Koboldmakis und Affen, darunter auch wir Menschen.

Raufußhuhn – Eine Gruppe von Wildvögeln mit runden Körpern wie Hühner, die gemäßigte und subarktische Regionen bewohnen.

Rudel – Zusammenschluss einer Gruppe wild lebender Säugetiere.

Stoffwechsel – Der Stoffwechsel ist ein chemischer Prozess in den Körperzellen, der die Nahrung in Energie verwandelt.

Sukkulente – Sukkulenten sind Pflanzen, die besondere Strukturen zur Wasserspeicherung ausgebildet haben.

Symbiose – Zusammenleben zweier Arten mit gegenseitigem Vorteil.

Tarnung – Die Tarnung ist eine Verteidigungsstrategie oder eine Taktik, die von Tieren und Pflanzen verwendet wird, um sich vor ihren Fressfeinden oder vor ihren Beutetieren (die sie dann mit ihrem Angriff überraschen) zu verstecken.

Tragblatt – Ein Blatt, in dessen Blattachsel noch ein weiterer Pflanzenteil wächst, zum Beispiel ein Seitenzweig, eine Blüte oder ein Blütenstand.

Treibhauseffekt – Das ist ein Prozess, der in Treibhäusern vorkommt, in denen die Glaswände die Sonnenwärme hinein- aber nicht wieder hinauslassen und so die Pflanzen sogar im Winter warm halten.

Vegetation – Wuchsform und Verteilung der Pflanzen in einer bestimmten Region.

Für meinen Sohn Eric, der noch in meinem Bauch war, als ich dieses Projekt begann, und der es lernen wird, die Natur zu respektieren und für sie zu sorgen. Ein besonderer Dank gilt Dr. Eric Dinerstein und allen Menschen, die ihr Leben dem Naturschutz widmen.

Die im Buch gezeigten Karten wurden auf Basis der Studien des WWF und anhand der Karte Ecoregions2017©Resolve erstellt.

2023 Tessloff Verlag
Burgschmietstraße 2-4
90419 Nürnberg
www.tessloff.com

Autorin und Illustratorin:
Juliana Aschwanden-Vilaça
Übersetzung: Dagmar Kienlein
Fachberatung: Dr. Johanna Prinz
Lektorat: Lisa Herden
Grafische Umsetzung: Marie Gerstner